La
Gloria de la **Unidad**

Nosayaba Evbuomwan, PhD

authorHOUSE®

AuthorHouse™
1663 Liberty Drive
Bloomington, IN 47403
www.authorhouse.com
Teléfono: 1 (800) 839-8640

Publicada por AuthorHouse   01/11/2018

ISBN: 978-1-5462-2288-0 (tapa blanda)
ISBN: 978-1-5462-2286-6 (tapa dura)
ISBN: 978-1-5462-2287-3 (libro electrónico)

Numero de la Libreria del Congreso: 2017919612

Información sobre impresión disponible en la última página.

Dedicatoria

Este libro está dedicado a mi Señor y Salvador Jesucristo y a todos mis maestros y mentores en la fe, especialmente en los primeros años (1976 - 1983).

Reconocimientos

Mi muy especial agradecimiento a mi capaz y amada esposa Pastor Anne Olufunmilayo Evbuomwan por su continuo estímulo y apoyo durante la redacción de este libro. Ella fue el principal catalizador que me animó a poner en forma impresa aquellos mensajes que he compartido con ella en privado.

Muchas gracias también a mi amigo y colaborador Pastor Taiwo Ayeni, por su meticulosa edición, sugerencias y formato. Gracias también a Funmi Coker en Londres, Reino Unido, que en noviembre de 2004 sin ninguna guía previa o indicaciones me animó a empezar a escribir libros.

Muchas gracias a mi querido hermano y amigo Hope Ovwah. Su contribución en la relación entre la Unidad del Espíritu y la Unidad de la Fe, es agradecidamente reconocida.

Tabla de Contenido

Introducción

Mirando a través de las Escrituras, vemos que desde el principio de la creación que la unidad y la armonía de la Trinidad están claramente ejemplificadas. Por ejemplo, cuando Dios dijo: **"Hagamos al hombre a nuestra imagen y semejanza..."** En Génesis 1:26, el **"hagamos"** en ese verso se está obviamente refiriendo a Dios el Padre, Dios el Hijo y Dios el Espíritu Santo en unísono. La unidad demostrada en la Trinidad es la base de todas las operaciones y actividades de Dios tanto en el cielo como en la tierra. Si Dios nuestro Padre opera en la unidad, entonces nosotros como sus hijos no podemos darnos el lujo de hacer cualquier cosa menos. Debemos imitarle en todo este asunto tan importante.

Por otra parte, la unidad de Dios también se ve en la consistencia del plan y programa de Dios. Vemos promesas hechas por Dios el Padre llevadas a cabo en Dios el Hijo y declaraciones hechas por Dios el Hijo realizadas por Dios el Espíritu Santo. No había ni ningún conflicto ni contradicción en las actividades de las tres personas de la Trinidad. Siempre hubo acuerdo y coherencia en los planes de Dios. Esto quiere decir, sin ninguna duda que nuestro Dios y Padre es un Dios de orden.

La expresión de la unidad en la Trinidad es un vástago del orden divino. Siempre que haya orden, la unidad resulta. La falta de unidad en el cuerpo de Cristo, por tanto, es una indicación de desorden metódico o conflicto premeditado. El orden de Dios ya está establecido en su palabra como un patrón para el cuerpo de Cristo a seguir. Si seguimos constantemente su palabra, sería más fácil estar en línea con su orden y así poder lograr una mejor unidad de lo que actualmente conocemos.

El Salmo de David Capítulo 133, que forma la base de este libro, demuestra que podemos y debemos celebrar nuestra unidad como hermanos en el cuerpo de Cristo. Esto, además, muestra el beneficio y la gloria resultante si habitamos juntos en unidad. A medida que los invito a una llamada gloriosa a la unidad, el proceso y la alegría que trae al cuerpo, puede ser de gran bendición al responder y tomar tiempo para digerir el contenido de este libro para su beneficio espiritual.

Definiendo la Unidad

¡MIRAD cuán bueno y cuán delicioso es Habitar los hermanos igualmente en uno! - Salmos 133:1

Introducción

¿Qué es la unidad uno se podría preguntar? Puede ser descrito como la concordancia, la armonía, el convenio o el acuerdo a una causa o propósito común. También puede ser definido como la eliminación de la discordia y teniendo el mismo punto de vista, mente, visión y enfoque. La unidad también invoca la necesidad de avanzar en la misma dirección, priorizando a otros, sujetándose unos a otros, la expresión de la lealtad y el cultivo del convenio en las relaciones (David y Jonathan son un buen ejemplo de ello).

El concepto de Unidad, aunque suene idealista, sin embargo, no es una experiencia irrealizable para nosotros como Cristianos. Es evidente a partir de las escrituras, Dios desea que el Cuerpo de Cristo sea unido. La Iglesia, sin embargo, no parece ver esto como una prioridad en el plan de Dios. A menos que estamos unidos y formemos un frente común, vamos a disminuir de manera significativa en el plan y propósito de Dios para nuestras vidas. La unidad no debe ser opcional, pero un objetivo o plan imperativo de tal forma que el Cuerpo de Cristo la pueda alcanzar. Por lo tanto, cada discípulo de Cristo debe perseguir constantemente la paz y vivir un sentido de compromiso con la Unidad del Cuerpo de Cristo. La falta de unidad a pesar de que ha plagado a la Iglesia desde su inicio, no debe sin embargo ser permitida a continuar, ya sea como resultado de las barreras que nos enfrentamos o por las excusas que damos constantemente.

Esta es la razón para hacer una exposición sobre el primer versículo del Salmo 133. Este salmo establece las bases para la articulación adecuada o la comprensión de este libro. En este capítulo introductorio, se hace un intento de dilucidar cada una de las palabras de este versículo.

Mirad

La palabra "**Mirad**" que introduce el primer verso de este salmo es única. Significa maravillarse o asombrarse y prestar mucha atención a un objeto de atracción valiosa. También significa examinar críticamente y de cerca la belleza y la esencia de ese objeto. La palabra apareció por primera vez en Gen 11: 6 en la clásica historia de la construcción de la torre de Babel, lo que demuestra el poder de la unidad contra Dios el creador. "Y el SEÑOR dijo: Mirad. La gente ES UNA ...". Dios el Padre notó instantáneamente la unidad de visión y propósito de estas personas en esta historia. El hecho de que dijo Mirad muestra que la unidad, aunque negativa, era palpable y notable.

Permítame decir que la unidad puede ser dirigido ya sea positiva o negativamente. En Babel, Vemos la humanidad unida negativamente en una causa de otro modo contrario a la voluntad de Dios. Sin embargo la verdad que vale la pena destacar en esta escritura, es el poder de la unidad expresada en los esfuerzos coordinados de la construcción de la torre.

Es importante señalar que más adelante en este pasaje Dios reconoce el hecho de que todo lo que se imaginaron hacer aunque era fuera de su voluntad, habría sido posible debido a su unidad. Era una unidad demostrada por una lengua, una visión, un enfoque y un plan - construir una torre que llegara hasta el cielo y estaban determinados a hacerla. La única manera de que Dios encontró para detenerlos de lograr su malévolo objetivo fue causar confusión en el único lenguaje que tenían. Éste golpe en el tema central de su unidad - "es decir, su lenguaje" - les desestabilizó y fomentó la necesidad de irse por caminos separados.

Irónicamente, la principal causa de la desunión en la iglesia actual es la ausencia de una mente y un idioma. Sin lugar a dudas, la experiencia de los hermanos que habitaban juntos en la unidad sería una para compartir, una que produzca alegría a la vista y para deleitarse. Además de disfrutar de tan agradable atmósfera, hay también un llamado a la iglesia de hoy, para prestar de hecho mucha atención a la importancia de la unidad entre nosotros. Todavía tenemos que experimentar plenamente el poder y beneficios de la unidad como conviene. Tiene que haber un deseo constante para asegurar que estamos unidos en todo momento, a pesar de nuestras diferencias y desacuerdos similares. ¡Es bueno y agradable para vivir juntos en unidad!

Qué bueno y Agradable

La muy **buena y agradable** imagen aquí no es solo de los hermanos habitando juntos, pero habitando juntos en unidad. Los hermanos pueden habitar juntos sin ser unidos y adoptar relaciones de conveniencia. No es raro encontrar dentro del cuerpo de Cristo, hermanos que habitaban juntos en la desunión y silenciosamente manteniendo su distancia en nuestras denominaciones de iglesias, hermandades y ministerios.

El resultado es el apoyo de las visiones individuales por encima de la visión colectiva y la gran comisión de la iglesia.

En lugar de centrarse en optimizar el Reino de Dios y plan de Dios, el enfoque se convierte en la promoción de planes individuales que provocan la competencia que se desarrolla dentro del cuerpo.

El escritor parece añorar en silencio y tal vez podría haber dicho: "¡Oh, qué bueno!" y "Oh cuán agradable" sería si los hermanos habitaran juntos en Unidad. Permanecer juntos en unidad resulta en una experiencia gloriosa de alegría y refrescante que muchos creyentes en el cuerpo de Cristo todavía tienen que conocer. Es mejor experiencia de lo imaginado. La convivencia junta de hermanos, en la UNIDAD es el epítome de lo que es bueno y lo que es agradable. Esencialmente define la bondad y simpatía, y se convierte en la línea de medición para lo que es bueno y lo que es agradable.

Hermanos

La palabra hermanos utilizados genéricamente para representar la relación hermano-hermano, hermana-hermano y hermana-hermana en el cuerpo de Cristo no ha recibido suficiente atención y comprensión, como la que tenía tal vez en la iglesia primitiva. Pablo escribiendo en hebreos 13:1 dice: "**Permaneced en el amor fraternal**". Habiendo sido comprados por sangre y lavados por el Señor Jesucristo, necesitamos saber que hemos entrado en una relación de convenio como hermanos.

La palabra "hermanos" debe trascender denominaciones, cada iglesia local y, o cualquier otra forma de agrupaciones que hemos creado en el Iglesia de Dios. Para aquellos de nosotros en el liderazgo, tenemos que recordar que antes de todo somos primero hermanos antes de convertirse en líderes. El amor fraternal debe ser nuestro principal guía en lugar de la posición y la jerarquía en la Iglesia. No necesitamos forzar, probar o luchar por la autoridad, sino ganar respeto a través del servicio. Esto le ayudará a ser más como Jesús y el aprendizaje por así decirlo a lavar los pies de los demás, exponiendo por lo tanto el liderazgo de servicio.

Por otra parte, tenemos que saber que como hermanos tenemos un solo Dios, una sola fe, una esperanza, un solo bautismo y, de hecho, UN ESPÍRITU - (Ef. 4: 4). Cuando nos damos cuenta de cómo niños nacidos de nuevo de Dios, es decir nuevas criaturas en Cristo, que somos un SOLO ESPÍRITU, lo que significa que el Espíritu en ti es el mismo espíritu en mí, podemos empezar a mirar el uno al otro de manera diferente. Tenemos la tendencia a enfatizar lo que vemos con nuestros ojos (cuerpo visible, miradas y acciones / comportamiento) más de lo que no se ve (Invisible - el nuevo espíritu nacido).

El "nosotros invisible" que es nuestro espíritu nacido de nuevo es la parte más importante de nosotros que está unida de forma conjunta y sin problemas en CRISTO. Cuando sabemos y entendemos que, se hace más fácil luego habitar juntos. Ya no vamos a gastar energías quejándose y luchando por nuestras diferencias, pero hacer un esfuerzo para fortalecer nuestros puntos en común. Sé que prácticamente esto implica más trabajo, al tratar de trabajar con cada individuo como hermanos y hermanas, que presentan diferentes actitudes y niveles de madurez y estabilidad emocional. A pesar de estos desafíos, no hay que darse por vencido, sino mantener una visión más amplia del CUERPO DE CRISTO a la vista y estar dispuestos a morir a sí mismo y renunciar a nuestros pequeños fastidios, matices, deseos y posiciones.

Habitar Juntos

Una vez que entendemos la hermandad en Cristo, entonces habitar juntos se vuelve mucho más fácil. Entonces podemos relacionarnos entre sí más de cerca y, a pesar de pisar los pies de los demás todavía aprender a coexistir entre sí. La frase habitando juntos significa, que nos animemos los unos a otros en nuestro objetivo común de agradar a Dios, trayendo gloria a Él aquí en la tierra y disfrutando de la esperanza de vida eterna. Al habitar juntos, aprendemos a

   (i)   trabajar en equipo,
  (ii)   preferir el uno al otro,
 (iii)   buscar el bien de la otra persona y
 (iv)   cultivar y desarrollar una relación de pacto fraterno como se ejemplifica por David y Jonathan.

Los aspectos prácticos de amor divino como se enuncia de manera elocuente en 1 Corintios 13, se convierten en nuestro modus operandi, mientras habitamos juntos en armonía.

En la Unidad

Nuestra morada juntos no sólo debe ser una mera formalidad o para cumplir toda justicia, pero de un corazón sincero y puro, desprovisto de toda pretensión. En efecto, debemos vivir juntos en un acuerdo, convenio y propósito – habitando, por lo tanto juntos en unidad. Es nuestro vivir juntos en la Unidad que es un espectáculo "bueno y agradable" a la vista. Cuando la escritura dice "mirad", tiene la intención de llamar la atención para mirar de cerca y de hecho maravillarse con lo que está sucediendo.

La palabra mirad también se usó en el pasaje clásico de unidad aunque sea por la razón equivocada, como se muestra en Génesis 11: 1 - 11. El pasaje mostró la facilidad con la que podemos estar en unidad. También muestra que cuando estamos unidos, somos imparables como Dios mismo alude al hecho de que las personas no podían ser detenidas y que habrían logrado lo que habían imaginado hacer en sus corazones. En lo que se podría llamar la aprehensión de Dios al pueblo de Babel, ÉL les hizo dividir al confundir su lengua e idioma.

Esta historia apunta al poder de la unidad, sobre todo cuando la base es un propósito común. La unidad también implica que a medida que habitamos juntos, nuestros esfuerzos deben estar orientados a la búsqueda de la paz y siempre trabajando hacia un terreno común para el acuerdo en línea con las Escrituras. No sólo debemos servir de dientes para afuera, sino tomar las medidas prácticas y acciones que promueven la unidad y la concordia en el cuerpo de Cristo. Tales medidas y acciones incluyen: aprender a morir diariamente, priorizando otros hermanos por encima de uno mismo, caminando en amor, buscar la paz y la resolución de conflictos.

La Bendición dirigida a los Santos en la Unidad - "la vida eterna"

La bendición mandada mencionada en la última parte del último versículo, no es temporal, sino para siempre, eterno y duradero. Nuestra morada juntos en unidad resulta no sólo a largo plazo, pero la bendición continua permanente. No hay límite a esta bendición cuando habitamos juntos en unidad. El hecho de que Dios manda la bendición debe ser un gran incentivo para nosotros a caminar en unidad. La bendición mandada sin duda afecta a todas las áreas de nuestras vidas y cada parte de nosotros (espíritu, alma y cuerpo). De manera similar la bendición enviada mientras que afecta a todas las áreas de nuestras vidas individuales, también afecta a todos los miembros del cuerpo de Cristo que están demostrando que la unidad dentro de un entorno local, iglesia o comunión.

Una Historia de dos Metáforas

Es como el buen óleo sobre la cabeza, el cual desciende sobre la barba, la barba de Aarón, y que baja hasta el borde de sus vestiduras; como el rocío de Hermón, que desciende sobre los montes de Sión: Porque allí envía JEHOVÁ bendición, Y vida eterna, Sal 133:2-3

Introducción

Este salmo se compara lo agradable de hermanos que habitaban juntos en unidad con el buen óleo (aceite ungido sobre la cabeza de Aarón) y el rocío de la mañana que desciende en el Monte Sión.

Como Buen Óleo

El Óleo representa el aceite Santo de la unción que Dios especificó a Moisés preparar en Ex 30:22- 31. Se trata de un aceite compuesto de pura (líquido y de flujo libre) mirra, canela de olor dulce, caña dulce olor (cálamo), la casia y aceite de oliva. Desde un punto de vista práctico cuatro de los constituyentes se basan planta con fragancias de olor dulce que proporciona el aroma, dulzor, y la curación al aceite de la unción, mientras que el aceite de oliva proporciona la suavidad y el flujo. Espiritualmente, estos componentes destacan tanto el fruto (carácter) y regalos (potencia) del Espíritu Santo.

La comparación de los hermanos que habitaban juntos en unidad con el buen óleo, implica que cuando lo hacemos, el resultado debería proporcionar una fragancia atractiva, dulzura y curación tanto a los hermanos y otras personas que pudieran estar observando desde la distancia – "**...En esto conocerán todos que sois mis discípulos...**"(Jn. 13:35). Por esto, el no creyente percibe algo atractivo en la vida de los hermanos que muestran que son discípulos del Señor Jesucristo. Salomón escribiendo en Proverbios 27: 9 dice que **"El ungüento y el perfume alegran el corazón: Y el amigo al hombre con el cordial consejo."**

El resultado de esta gloriosa unidad es el fluir de la unción que no sólo es atractivo y deseable, sino que cura el cuerpo de Cristo. El Amor cura y la Unidad cura. La comparación metafórica no es sólo en el propio aceite de la unción por sí mismo, sino en combinación con el flujo resultante del aceite ungido de la cabeza de Aarón hasta el borde de sus vestiduras. El vertido del aceite de unción sobre Aarón era parte de los mandamientos que Dios dio a Moisés sobre cómo Aarón (el sumo sacerdote) y los otros sacerdotes debían ser consagrados para el servicio del Señor. El propósito principal de la unción, además de la destrucción de los yugos y la eliminación de cargas, es consagrar y separar un cristiano para el servicio y ministerio en el cuerpo de Cristo.

Previo a la muerte en la cruz, el Señor Jesús fue ungido por María tanto en la cabeza y en los pies, después de que ella rompió el caro frasco de alabastro que contiene el ungüento. Esta unción fue una demostración digna y el establecimiento del Señor Jesucristo no sólo como nuestro Sumo Sacerdote, pero como la Cabeza del Cuerpo. Por lo tanto el ungüento precioso y costoso de María vertido en el Señor significó el flujo de la unción de Él hacia el resto del Cuerpo.

Además de la consagración, el aceite de la unción es también una marca de distinción que lleva consigo el empoderamiento para realizar una función sagrada o divina. El aceite cuando se vertió obviamente fluía de la cabeza de Aarón a través de su barba y baja hasta el borde de su manto sacerdotal. En esta comparación, David muestra que cuando los hermanos habitan juntos en unidad, los coloca para la consagración y, posteriormente, como vasos de honra.

Habitar juntos en la unidad permite la facilidad de flujo de la unción del Espíritu Santo dentro de la iglesia. En esencia, cuando los hermanos habitan juntos en armonía, ellos ***NATURALMENTE Y SIN ESFUERZO*** atraen la unción de Dios en sus vidas. Además, una vez atraída, la unción también fluye ***LIBREMENTE, NATURALMENTE Y SIN ESFUERZO*** a todo el cuerpo de Cristo como resultado los yugos son fácilmente destruidos y las cargas levantadas de sobre el pueblo de Dios.

La presencia de la unción también proporciona el empoderamiento de la iglesia en su conjunto para que ella haga las obras del Señor Jesucristo y ser un testigo eficaz en la tierra. Cada miembro individual de la iglesia se expone a la desbordante bendición de la unción tal y como el aceite fluye por todo el cuerpo de Aarón. Ningún miembro se quede fuera de la bendición. Mientras uno es un miembro particular del cuerpo de Cristo (1 Corintios12:27), la unción fluye a usted por defecto siempre que la comunidad local de creyentes caminan en la unidad.

La unción no fluye sólo en una iglesia o denominación o ubicación, sino a todo el cuerpo de Cristo. Dado a que la unidad del cuerpo de Cristo en grandes congregaciones es igual de importante que la unidad de los miembros de una iglesia local. Para este fin, Dios ha colocado los dones del ministerio de Apóstoles, Profetas, Evangelistas, Pastores y

Maestros en el cuerpo de Cristo en beneficio de todos los creyentes.

Un punto a destacar aquí es que la unción fluye desde la cabeza hasta el resto del cuerpo. Simbólicamente, la unción fluye desde la cabeza espiritual en un ambiente de una iglesia o un grupo local a los miembros de la iglesia local. Como miembros del cuerpo de Cristo, debemos tratar en todo momento de sujetarnos a la autoridad espiritual puesta sobre nosotros para asegurar que la unción, la gracia y el poder de Dios puedan fluir. Debemos hacer todo lo posible para preservar, proteger, custodiar y apoyar esa unción para que constantemente podemos ser bendecidos por Dios. Vemos estas circunstancias en el ministerio de Aarón y Hur, al ellos sostener las manos de Moisés durante la batalla contra Amalec (Ex17:10-12).

Por otra parte, otro claro ejemplo de ello es el apoyo dado de Josué y Caleb al ministerio de Moisés. Ellos insistían en que podrían invadir la ciudad de Ai y alentar a las personas, mientras que los otros diez los desalentaron. la negativa de David para matar al rey Saúl aun teniendo todo lo posible para matarlo, Eliseo vertiendo el agua sobre las manos de Elías y sirviéndole, y Timoteo trabajando con Pablo su mentor, son todos ejemplos de apoyo al ministerio. Después de haber cumplido con su parte, Eliseo era capaz de exigir audazmente una doble porción de la unción de Elías. Es hora de que la Iglesia entienda que *"NUNCA PODEMOS ATRAER LA*

UNCIÓN QUE DESCUIDAMOS O DESOBEDECEMOS".
La clave aquí es la obediencia y la sumisión a todas las formas de autoridad constituida, especialmente los de la Iglesia.

Como el Rocío de Hermón

Rocío (la condensación natural de humedad evaporada) que viene sobre cualquier pedazo de tierra proporciona la humedad sobre toda la tierra. El depósito de rocío sobre la tierra es una de las principales formas en que Dios provee agua para la vegetación y los cultivos sembrados por los agricultores. El rocío, aparte de hidratación el aire y el suelo, ofrece frescura y placer a los cultivos. En las Escrituras, el rocío se indica a menudo como previniendo del cielo y se asocia con la abundancia de la tierra (Gen. 27: 28,39), nube de la mañana y la bondad (Oseas 6: 4). El resultado final del rocío que cae es el refrigerio abundante y la fecundidad de la tierra.

Por lo tanto, David compara metafóricamente el disfrutar del rocío que cae con el placer y la felicidad que surge cuando los hermanos habitan juntos en armonía. El rocío no se limitó a descender en cualquier lugar, pero "sobre los montes de Sión", que es la morada del pueblo de Dios. Así como el rocío trajo bendición a los habitantes de las montañas de Sión, Lo mismo ocurre con la convivencia en conjunto de hermanos en la unidad atraer la bendición y refrescante de Dios. La lección aquí es que cuando habitamos juntos en armonía, la bendición de Dios viene a nosotros de forma NATURAL. De hecho aquí, no sólo es algo natural, sino a toda prisa como el mismo Dios será su bendición en medio de estos cristianos que están unidos en un acuerdo.

Monte Hermón es un conjunto de montañas con tres cumbres distintas de aproximadamente la misma altura, formando uno de los recursos geográficos más valiosos en las Palestina. Esto es debido a la precipitación inusualmente pesada y abundante de rocío que cubre los picos de las tres cumbres en una región de otro modo seco. El agua derretida del rocío / nieve se filtra en los canales y poros de la roca, alimentando las fuentes en la base de la montaña, lo que resulta en arroyos y ríos, que se unen para convertirse en el río Jordán. La base de la montaña por lo tanto goza de una vida vegetal fértil donde los árboles de viñedos, pinos, robles y álamos son abundantes.

La descripción anterior de Monte Hermón demuestra claramente por qué David la usó como una metáfora para bondad y simpatía de los hermanos que habitaban juntos en unidad. El rocío que se utiliza como sinónimo de aceite de la unción además de cubrir abundantemente la parte superior de las montañas se derrite y fluye abajo de la montaña al igual que el aceite de la unción fluye hacia abajo hasta el borde de las vestiduras de Aarón.

El rocío, por tanto, no se limita a caer sobre Monte Hermón, Pero desciende generosamente a las partes más bajas de la montaña que asegurara la distribución de su bendición a lo largo de todo el entorno de la montaña. La vida de las plantas fértiles resultantes es la bendición ordenada por Dios que puede ser análoga a la bendición prometida de ungir a los hermanos que moran juntos en Unidad.

En los evangelios, el Señor Jesucristo reveló su propósito para su Iglesia a Sus discípulos en Cesarea de Filipo, que está en la base meridional del monte Hermón (Mateo 16: 13-21, Marcos 8:27) después de viajar desde Betsaida. Algunos estudiosos también piensa que es probable que el Monte Hermón también puede haber sido el sitio de la transfiguración (Mateo 17: 1-8). ¿Podría ser que porque la base del monte Hermón es siempre fresca y fértil, el Señor estaba prometiendo construir su Iglesia para que las puertas del infierno no fueran capaces de soportar con ella mientras estuviera en el monte Sion?

Las barreras a la Unidad

"...que si el grano de trigo no cae en la tierra y muere, él solo queda..." (Juan 12:24).

Introducción

Unidad en el cuerpo de Cristo es tal vez el mayor desafío que enfrenta la iglesia hoy en día. Muchos factores pueden ser responsables de esta situación. El intento de este capítulo es examinar algunas de las principales barreras para la unidad que tenemos que tomar en cuenta y empezar a buscar formas de dirigir nuestras vidas individuales.

La barrera primaria a la unidad en la Iglesia se puede atribuir a la inmadurez y carnalidad de los creyentes. Romanos 8:6 dice: *"Porque la intención de la carne es muerte; mas la intención del espíritu, vida y paz"*. La mente carnal piensa en contra de las Escrituras, y esto es simplemente debido a su negativa a morir a sí mismo. Por lo que Pablo exhorta a los creyentes a ser transformados por la renovación de nuestra mente para que podamos probar la buena, agradable y perfecta voluntad de Dios (Romanos 12: 2). Pablo dijo: *"... cada día muero."* (I Corintios 15:31). El Señor Jesús dijo que *"...si el grano de trigo no cae en la tierra y muere, él solo queda..."* (Juan 12:24). Si aprendemos a morir a sí mismos y seguir la exhortación de Pablo en 1 Corintios 15, nos encontramos en una mejor oportunidad para trabajar juntos en la unidad.

Siendo de la misma opinión y trabajando y caminando en UN ACUERDO, sienta las bases para una verdadera unidad. Esto no significa necesariamente que no íbamos a estar en desacuerdo, pero cuando lo hacemos, podemos nuevamente como Pablo exhorta en 1 Corintios 14:20...*sino sed niños en la malicia* (reconciliación rápida), *pero maduros en el modo de pensar* (santos maduros). Otros factores que crean una barrera a la unidad en la iglesia incluyen, pero no se limita a lo siguiente:

- Orgullo
- Espíritu competitivo
- La falta de perdón
- Impaciencia
- La falta de sabiduría
- La falta de visión y dirección
- Ser demasiado rápido para juzgar
- Mala comunicación

- Los chismes y rumores
- La imperfección / inmadurez en el Amor

Orgullo

El magnificar nuestro ego por encima del bien general de la iglesia es una fórmula para la división y la disputa. Debemos aprender a no ser demasiado sensible ante la agresión y ver los problemas siempre desde una perspectiva más amplia, es decir, desde la perspectiva de Dios. Debemos también aprender a tomar correcciones entre sí y sujetarnos el uno al otro como hijos de Dios. Una triste observación en la iglesia hoy es la pantalla flagrante de arrogancia y falta de voluntad para siquiera escuchan o tomar la corrección de los demás, especialmente entre los líderes que deberían ya saber esto. Nada exacerba la desunión en la iglesia hoy más que el orgullo o arrogancia. Proverbios 16:18 dice que "Antes del quebrantamiento es la soberbia, Y antes de la caída la altivez de espíritu." Y en Juan 4:6, las escrituras dicen que "…Dios resiste a los soberbios, y da gracia a los humildes." Estas admoniciones, entre otras cosas, deberían persuadirnos a caminar humildemente ante nuestro Dios.

Realmente corresponde a los líderes espirituales modelar el liderazgo de servicio no en forma hipócrita con palabras insinceras y falsa humildad, pero en el verdadero carácter cristiano y e imitando el comportamiento de Cristo. Creo que la unidad de la iglesia es directamente proporcional a la unidad modelada por los líderes. Las preguntas que debemos hacernos son: ¿Cuándo se dice se hace?, ¿Para qué estamos viviendo? ¿Quién es nuestro modelo a seguir? ¿Qué ejemplos estamos dejando atrás? ¿Qué rasgos de carácter estamos mostrando para dar gloria a Dios? ¿El Señor Jesús nos felicitará por la forma en que nos relacionamos con los demás? Existe la necesidad de tomar acciones inmediatas entre nosotros para corregir la aparente falta de unidad que ha limitado el trabajo, el propósito y el plan de nuestro Dios para esta generación actual.

Espíritu competitivo

La competencia, a pesar de ser una tendencia natural del ser humano, no se presta, sin embargo, a fomentar la unidad en la Iglesia. La sana competencia puede ser buena para alcanzar la excelencia y la mejora de nosotros mismos como pueblo de Dios, pero hay una línea muy fina entre competiciones saludables y no saludables. Nuestra individualidad en la Iglesia no supone una base para tratar de superarse unos a otros, en detrimento de la unidad, sino hemos de ayudarnos el uno al otro para lograr el propósito y el plan de Dios para la Iglesia.

Necesitamos tener "Mentalidad de Reino de Dios" en lugar de "Mentalidad de Reino Propio". Porque el reino de Dios no es comida ni bebida, sino justicia, y paz y gozo en el Espíritu Santo. (Rom 14:17). El Reino de Dios nunca se trata de nosotros, sino de Dios el único que merece la adoración. Así que vamos a centrarnos menos en el interés propio y la auto preservación, sino más bien en el avance de los propósitos de Dios en la tierra, independientemente de quién se lleva la gloria. De hecho, si entendemos que somos "UN EQUIPO", entonces podemos restar importancia al sí mismo y centrarse en el éxito de la "Gran Comisión" en lugar de en la celebración del yo mismo. Dios nos recompensará al final de acuerdo a lo que hemos hecho y contribuido como individuos - 2 Corintios 5:10.

La falta de perdón

Las ofensas son inevitables, así que problemas de perdón siempre será a algo cada cristiano se enfrentará. De hecho, el Señor Jesús al colocar la pauta de cómo orar incluyó la petición de perdón a Dios al nosotros perdonar a los demás. El asunto verdadero es que cada creyente siempre necesitará perdón de Dios. Debemos, pues, dado que necesitamos perdón también perdonar. A medida que aprendemos a perdonar rápidamente desde el corazón, nosotros creamos un ambiente más amoroso que conduce a la unidad pues todos mantenemos nuestros ojos en el tema principal de avanzar el reino de Dios y sus propósitos.

La falta de perdón o amargura es como el cáncer que está dañando el cuerpo de Cristo hoy. Algunos de nosotros parecen no comprender el peligro que supone para nuestro bienestar espiritual además del daño a nuestra salud física. La falta de perdón es una estrategia que el enemigo de nuestras almas está utilizando no sólo para robarnos bendiciones aquí en la tierra, sino también para dificultar la obtención de nuestra vida eterna. La consecuencia de nuestro acto de falta de perdón y su capacidad para impedir a los creyentes de estar preparados para el rapto debe destacarse más en la iglesia de hoy en día de lo que nunca se ha hecho antes. Debemos orar y luchar constantemente contra ello a medida que tratamos de mantener nuestra posición correcta con Dios.

Impaciencia

La paciencia, que es una parte del fruto del Espíritu Santo, si se ejerce constantemente nos ayudará a estar más unidos. Algunas cuestiones que eventualmente conducen a la desunión entre los hermanos pueden ser conducidas a la impaciencia ya sea en el establecimiento de los hechos o entre unos y otros, antes de insistir en una línea de acción. La paciencia ayuda a aclarar cuestiones y para ver las cosas más claramente desde el punto de vista del otro, lo que ayuda a ser más una sola mente.

La falta de sabiduría

En un intento de utilizar nuestra sabiduría humana, a menudo no somos capaces de unir a la gente de Dios. Pero la sabiduría que es de lo alto es primeramente pura (Santiago 3:17). La sabiduría de Dios se basa en el temor a Dios y en Sus principios. En el trato con los demás, necesitamos ser sabios en la forma en que hablamos, actuamos y nos relacionamos. La sabiduría nos ayuda a no provocar, y caminar en el Espíritu. La sabiduría prevendrá conflictos y argumentos y esencialmente nos ayudará a crear una atmósfera de unidad.

La falta de visión y dirección

La falta de una visión común y un propósito y / o la falta de dirección espiritual son el núcleo de muchas divisiones que surgen dentro de la iglesia. Si no hay una visión enfocada, por lo general es más fácil para muchos cristianos perder su dirección, presentar falta de moderación y comenzar a participar en frivolidades en lugar de permanecer en la visión común de cumplir la "Gran Comisión". Como vemos en Génesis 11, es mucho más fácil unirse en torno a un propósito y visión común. Por lo tanto, es necesario para la Iglesia local siempre esforzarse en enfatizar la visión común. Cada miembro de esa iglesia local es animado a conectarse a la visión al reclamar y tomar posesión de esa visión al mismo tiempo en el que él o ella cargan con la misma. El resultado es una iglesia enfocada y se mueve en una dirección, sin desacuerdos o división.

Ser demasiado rápido para juzgar

Tómese el tiempo para entender a los demás que no son como tú. No se apresure a asumir cosas sobre la gente o hacer conclusiones sin hechos suficientes. El Señor Jesús en el Sermón del Monte (Mateo 7: 1) exhorta a cada discípulo a no juzgar, para no ser juzgados. Pues seremos juzgados con la misma medida en que juzgamos a otros. Cuando muchos de nosotros en el Cuerpo de Cristo constantemente nos centramos en juzgar a los demás, esto no promueve la unidad, sino más bien la distracción, la división y la discordia en el cuerpo. Una forma de evitar la desunión es evitar entrar rápidamente a conclusiones de juicio sobre los demás. Por el contrario, las Escrituras nos exhortan a juzgarnos a nosotros mismos. Debemos centrarnos más en nuestra propia mejora, sacando la viga de nuestros ojos antes de tratar de quitar la paja del ojo de otra persona.

La falta de comunicación

Esta es probablemente una de las principales causas de la división entre hermanos. La Escritura nos ordena a ser rápido para escuchar, pero lentos para hablar. Si hacemos eso, un montón de problemas de comunicación pueden ser evitados. Siempre que lo que decimos se entiende mal o es mal interpretado para dar otro significado sin tomarse el tiempo para comprender no sólo las palabras habladas, sino también el espíritu y contexto con que fueron pronunciadas, el resultado es desacuerdo o debate que en la mayoría de los casos conlleva a la desunión. Por lo tanto, cada discípulo de Cristo debe aprender a ser un oyente y estar atento a no sólo escuchar, sino entender lo que escucha, a fin de responder de manera apropiada sin causar división o discordia entre otras. "Por esto, mis amados hermanos, todo hombre sea pronto para oír, **tardo** para **hablar**, **tardo** para airarse." (Santiago 1:19)

Los chismes y Rumores

Es inevitable que los cristianos siempre discutan entre sí sobre otros. De lo que debemos tener cuidado son discusiones basadas en información incompleta, y con un sesgo malicioso. A menudo, el chisme se nutre de la falta de comunicación y la información que se transmite continúa desviándose de la palabra hablada originalmente. El resultado final es la percepción errónea de lo que está previsto originalmente y de lo que en realidad pudo haber sucedido. Esto le da al enemigo un amplio espacio para crear confusión en el cuerpo de Cristo. El remedio aquí es que los creyentes se aseguren siempre que su discusión privada pretenda construir en lugar de destruir a otros. El espíritu del creyente, que es el espíritu de unidad debe ser el de construir el reino de Dios en lugar de destruirlo.

La Imperfección / Inmadurez en el Amor

Las escrituras en 1 Juan 4:18, dice *"... que el perfecto amor echa fuera el temor..."* A menudo, una de las causas de la desunión y división en la iglesia es el miedo. Esto puede estar en varias formas incluyendo: el miedo a las personas, el miedo al rechazo, miedo a la confrontación, el miedo a las represalias, temor a equivocarse, el miedo a la(s) debilidad(es) propias, miedo al fracaso, miedo a que los demás te juzguen y así sucesivamente. Esta atmósfera de miedo crea barreras, defensas falsas y actitudes hipócritas. En lugar de permitirnos ser abiertamente vulnerables y permitir que la luz de Dios brille a través de nosotros, nos opacamos, formamos opiniones falsas acerca de nosotros mismos y dejamos espacio para insinuaciones innecesarias.

No es difícil ver por qué el amor y la unidad no se pueden fomentar en ese ambiente. El pasaje anterior comienza diciendo que *"... En el amor no hay temor..."*. Cuando al amor de Dios que se comparte en nuestros corazones por medio del Espíritu Santo – Rom 5:5 se le permite crecer y madurar a través de la práctica regular y diariamente en nuestro camino del amor, el miedo no puede tener un asentamiento. La perfección de nuestro amor, que expulsa el miedo ayuda a crear el ambiente adecuado para el amor de Dios y la eventual unidad entre nosotros mismos.

La necesidad de Comunión - Koinonía

"Y perseveraban en la doctrina de los apóstoles, y en la hermandad, y en el partimiento del pan y en las oraciones". Hechos 2:42 (VRV)

Introducción

Comunión significa: distribuir, compartir, cuidar y ser hospitalario. También implica la comunión íntima y la unidad como cuerpo de Cristo, que a pesar de tener muchas partes individuales, es UN SOLO CUERPO. En nuestra comunión unos con otros, se debe tener cuidado a tener en cuenta las necesidades de los demás, de modo que existe la verdadera benevolencia hacia los otros. Cuando vemos a cualquiera en necesidad, tanto como este en nuestra capacidad poder para ayudar, hay que hacerlo.

Nuestro enfoque debe estar dirigido a la sensibilidad de corazón y compasión por nuestros hermanos compañeros. Siempre debemos hacer el bien a todos, y mayormente a los de la "Familia de la Fe". No debe haber nadie en nuestro medio que carezca de cualquier necesidad de la vida y por lo tanto debemos esforzarnos por ser cuidadores de nuestros hermanos.

Nuestra comprensión de la verdadera comunión despertará ciertamente el habitar juntos en unidad. Siempre hay que aprovechar todas las oportunidades para la comunión y compartir cosas en común, ya sean espirituales, financieras, materiales o de otro modo. La esencia es garantizar que a nadie le falte en el cuerpo de Cristo (Hechos 4:32) Y para proporcionar un equilibrio saludable y balance en el cuerpo. A medida que tenemos comunión unos con otros y con el Padre, la sangre de Jesucristo nos limpia continuamente de todo pecado (1 Juan 1:7).

La comunión es el núcleo de lo que somos y lo que representamos como el Cuerpo de Cristo. El Señor dijo que por esto todos conocerán que somos sus discípulos, al demostrar el amor uno al otro. Este mandato debe ser la búsqueda de cada grupo local de creyentes. Si no hay una verdadera comunión, entonces no hay verdadera iglesia. La aceptación de la verdadera comunión entre nosotros es una de las maneras de discernir el cuerpo de Cristo y promover la salud de la iglesia. Esto se logra en parte al hacer esfuerzos para desarrollar amistades con tantas personas como sea posible, evitando así las clicas poco saludables en el cuerpo. A continuación se destacan actitudes que deben ayudar a fomentar o inducir una comunión saludable:

1. Compromiso con los principios espirituales y bíblicos en lugar de las tradiciones de los hombres.
2. Tratar y resolver rápidamente las ofensas
3. El cultivo de la verdadera (abierta y honesta) comunión a través del cuidado de uno al otro
4. La identificación de los problemas y necesidades de los hermanos y resolverlas
5. abordar rápidamente las preocupaciones y quejas de los hermanos - Hechos 6

Evitar la Hipocresía y la Simulación

La escritura dice en Romanos 12: 9 que nuestro amor debe ser sin fingimiento (pretensión). Tenemos que aprender a ser reales entre sí sin querer probar nada. Esto requiere la voluntad de arriesgar la transparencia, para que podamos vernos tal como somos. De hecho, por ser transparente que es nuestra luz verdaderamente puede brillar a otros. Las siguientes sugerencias le ayudarán:

1. Tratar y resolver inseguridades personales.
2. Discernir / entender / respetar el cuerpo de Cristo

3. Entender la comunión y la compañerismo de los santos

4. Dar, cuidar, distribuir, compartir o tener cosas en común, y mostrar el amor fraternal.

Para tener verdadera comunión unos con otros, tiene que haber ausencia de pretensiones, espectacularidad o hipocresía. Si nuestra luz es para brillar de verdad, tenemos que aprender a ser transparentes entre sí.

No Tenga Miedo de los Debates Honestos

Debemos ser capaces de discutir diferentes opiniones sin prejuicios de una manera impersonal, centrándose en tener una discusión objetiva, incluso si no estamos de acuerdo sin que se produzca contienda. Tiene que haber libertad para expresar puntos de vista teológicos que pueden ir en contra de la opinión popular, sin ser condenado al ostracismo. El estímulo aquí es mantener siempre la unidad del Cuerpo de Cristo como prioridad incluso cuando no estamos de acuerdo sobre cuestiones teológicas. Debemos, por tanto, como una cuestión de práctica, luchar por la unidad, exaltando el Reino de Dios sobre nuestras denominaciones o iglesia. Siempre hay que recordar que la verdadera comunión sustenta la UNIDAD.

Unidad: Una Necesidad

*"Os ruego, pues, hermanos, por el nombre de nuestro Señor Jesucristo, que habléis todos una misma cosa, y que no haya entre vosotros disensiones, sino que estéis perfectamente unidos en una misma mente y en un mismo parecer."*1 *Corinthians1: 10 (RVA)*

Introducción

A lo largo de las Escrituras, podemos ver que la unidad es importante para Dios. Hay unidad perfecta en la Trinidad. No vemos ninguna indicación de desacuerdo, competencia o lucha entre Dios Padre, Dios Hijo y Dios Espíritu Santo. De hecho, la unidad de Dios a medida que funcionan a menudo difumina la distinción que tratamos de mostrar entre ellos y a veces estamos confundidos acerca de la TRINIDAD. Nuestro

Dios es de hecho un Dios, a pesar de manifestarse a sí mismo como Dios Padre, Dios Hijo y Dios Espíritu Santo.

La falta de unidad en la Iglesia ha obstaculizado el crecimiento, el progreso y la eficacia. El Señor Jesús yo creo previó este desafío cuando oró en Juan 17 que la iglesia fuese una. Muchos cristianos consideran esta la única oración que aparece que aún debe ser llevada a cabo completamente. El hecho de que el Señor Jesús oró por la unidad de la Iglesia muestra que, es una prioridad para Dios que seamos uno en verdad y en espíritu. Dios no se da cuenta de las diferencias entre nosotros y los desafíos que enfrentamos en el trabajo conjunto. Sin embargo, él espera que modelemos la unidad de la Trinidad al someternos a su voluntad en nuestras vidas.

Sin la unidad, la iglesia no será más que un club o cualquier otra asociación o reunión de grupos de personas. Lo que hace que la Iglesia significativa es la diferencia mostrada por el amor que nos tenemos el uno al otro y de hecho por el cual se nos conoce como sus discípulos. Además de modelar la unidad de la Trinidad por nuestra unidad, no podemos lograr nuestro propósito en Dios, especialmente la expectativa de Dios en la iglesia en Ef. 3:10, si no estamos habitando juntos en unidad. Dios se propone como revelación en la escritura de referencia anterior para mostrar su multiforme sabiduría a los principados y poderes de la iglesia. Una iglesia unida tiene más poder con Dios siempre que la unción fluya constantemente en el cuerpo. Somos capaces en esa situación para lograr más para Dios y avanzar en Sus propósitos en la tierra.

Unidad verdaderamente valida la iglesia como una entidad espiritual que manifiesta la naturaleza divina de Dios en la tierra. El Reino de Dios es entonces capaz de llegar realmente en medio de nosotros. El resultado de esto es que la voluntad de Dios se hace para influir en nuestras experiencias a medida que caminamos en su plenitud. Si no estamos unidos, no podemos proporcionar una fuerza formidable para contrarrestar la oposición del enemigo. Nuestro caminar en unidad es como nos asociamos con Dios para asegurar que Su gracia, poder y unción pueden trabajar realmente a través de nosotros con eficacia para cumplir Su propósito para la iglesia y el mundo en general, ya que es hacia donde la iglesia está dirigida que el mundo va. Si la iglesia tiene fuego, el mundo sin duda se encenderá. La iglesia no puede experimentar el reavivamiento verdadero y duradero, sin unidad.

Por lo tanto, la unidad no debe tomarse como otro cliché cristiano, sino una virtud por la que vale la pena luchar y perseverar. Debe ser visto como un imperativo para la Iglesia hoy.

Principios fundamentales

"Si son destruidos los fundamentos, ¿qué puede hacer el justo? - Salmo 11: 3

Introducción

En este capítulo, discutiremos algunos principios fundamentales que pueden mejorar la unidad en la Iglesia. Esta lista no es exhaustiva, aunque, representa a aquellos en los que tenemos que prestar atención.

Maximizar sus Fortalezas y Minimizar sus Debilidades:

Cada creyente tiene fortalezas y debilidades. Cuando miramos suficientemente cerca, es fácil encontrar defectos en otros. En algunos casos empezamos a magnificar las diferencias entre nosotros, causando división y la creación de clicas en el cuerpo. En la iglesia, a menudo nos centramos en las debilidades de los demás, e ignoramos lo bueno en ellos. El resultado final es aumento de malicia, la contención y la desunión.

Para fomentar la unidad en la iglesia, necesitamos maximizar las coincidencias y las fortalezas y minimizar las diferencias. Los creyentes deben aprender a concentrarse en lo bueno de los demás hermanos en lugar de lo negativo. Esta práctica, sin duda mejorará nuestro amor por los demás, así como la tan deseada unidad. De hecho, la Biblia nos ordena que el amor cubra multitud de pecados. ¿Qué clase de amor? ¡El amor ágape por supuesto!

Amor Ágape es clave para el fundamento de la unidad. Amarnos unos a otros incondicionalmente ofrece un ambiente rico a la verdadera unidad para prosperar. Tiene que haber una amplia aceptación entre sí a pesar de nuestras diferencias y un corazón abierto a la unidad para prosperar. El cultivo de una cultura de amor incondicional por los demás en la Iglesia es ciertamente un principio fundamental principal de la unidad. Amar de esta manera es lo mismo que amar como Dios nuestro padre haría. *"... porque el amor es de Dios, todo aquel que ama ha nacido de Dios y conoce a Dios. El que no ama, no conoce a Dios, porque DIOS ES AMOR..."* - (1 Juan 4: 7-8)

Procurar Humildad y Sumisión

Aprender a someterse el uno al otro, priorizándose entre sí, buscando primero el bien de los demás, la disposición a poner nuestras vidas por los hermanos todas son expresiones del más grande amor. Debe haber siempre un deseo de ver los problemas desde la perspectiva de otra persona a la luz y el contexto de las escrituras. Las escrituras exhortan a que ***"Dios resiste a los soberbios, y da gracia a los humildes."*** (Santiago 4: 6)

La humildad es el sello de los creyentes maduros y de los que realmente se han colocado en la mente de Cristo. Pablo exhortando en Filipenses 2:5-8 dice:

> *"Haya, pues, en vosotros este sentir que hubo también en Cristo Jesús, el que, siendo en forma de Dios, no tuvo como usurpación el ser igual a Dios. Sin embargo, se despojó a sí mismo, tomando forma de siervo, haciéndose semejante a los hombres; y hallándose en la condición de hombre, se humilló a sí mismo, y se hizo obediente hasta la muerte, y muerte de cruz. ".*

La mente de Cristo aquí fue uno de humildad en renunciar a su divinidad para asumir la humanidad, y soportar la humillante muerte en la cruz. A medida que nos esforzamos constantemente a pensar como el Señor Jesucristo, podríamos más fácil y rápidamente caminar en el amor y, eventualmente, en la unidad.

Centrarse en el Objetivo Común / SER DE LA MISMA MENTE - La iglesia primitiva en los Hechos de los Apóstoles se les refirió a menudo como "estar en un acuerdo". La base para estar en un acuerdo o convenio es ser de la misma mentalidad. Muchas de las escrituras que se centran en la unidad del cuerpo de Cristo, ejemplifican la unidad como la concordia de la mentalidad demostrada por los santos. Ser de una mente significa ver las cosas juntos desde la misma perspectiva, el enfoque, dirección y propósito. La base fundamental de la unidad de una sola mente es la MENTE DE CRISTO, tal y como leímos anteriormente en Filipenses 2: 5.

Tratar de ponerse en la mente de Cristo sin duda ayudará a que el cuerpo de Cristo sea de la misma opinión. Esto no se traduce necesariamente en ausencia de desacuerdos o diferencias de opinión, pero nos permite enfocar y prestar mayor importancia en los temas principales y disminuirla en las que son de menor relevancia, similar a la regla 80/20. Centrándose en la visión principal de la iglesia, que es la gran comisión y traer gloria a Dios nos permite trabajar para convertirnos a la misma mente. A medida que juntos examinamos Filipenses 2:5, debemos estar, por lo tanto, dispuestos a buscar constantemente ser de una mente, una comprensión, un propósito, un juicio y una visión.

Haya, pues, en vosotros este sentir que hubo también en Cristo Jesús - Fil 2: 5

1. **Morir a sí mismo / Negación de sí mismo**- nunca se trata de ti, sino de Dios... debes disminuir para que Cristo pueda aumentar en ti. Morir a uno mismo, tomar la cruz y seguir a Cristo es el comienzo de discipulado al que todos hemos sido llamados.

2. **Pronto para oír, Tardo para hablar, Tardo para airarse** (Santiago 1:19) - La obediencia a este mandato de las Escrituras sin duda nos guarda de peleas y desacuerdos innecesarios a medida que aprendemos a comprendernos mejor el uno al otro. El acto de aprender a escuchar no sólo a las palabras pronunciadas, sino al espíritu de lo que se habla es un largo camino para evitar desacuerdos y tendencias maliciosos entre nosotros.

   Muchos de nosotros en la iglesia hacemos lo contrario de este mandato de las Escrituras. Parece que somos más "Lento para escuchar, Rápido para hablar y Rápido para juzgar". A menudo no nos escuchamos unos a otros antes de hacer conclusiones, eso resulta en mucha incomprensión y fallas de comunicación en lo que se pretendía decir. La paciencia que es parte del fruto del Espíritu Santo, si se ejerce nos ayude a ser más propensos a escuchar y tardo para hablar y juzgar.

3. **Buscar la Paz - LAZO DE UNIDAD**

Las escrituras nos ordenan a buscar la paz y estar en paz con todos los hombres. La santidad y la paz van de la mano. No podemos decir que somos santos y mantenemos malicia con otro creyente. Por tanto, debemos también dar cabida a otros, adaptarse a las diferencias y ser sensible al Espíritu Santo. Nuestras palabras deben ser tales que se trata de una respuesta suave que quite la ira. Permitir que la palabra de Cristo more ricamente en nosotros nos permite hablar de una manera que atrae la gracia a nuestros oyentes. *"Manzana de oro con figuras de plata es la palabra dicha debidamente."* (Prov. 25:11)

La unidad en la Iglesia local / Comunión

La examinación de la unidad en una iglesia local puede hacerse desde dos perspectivas la primera es el liderazgo y la segunda los miembros. Estos se refieren principalmente a los roles de líderes y miembros hacia el logro de la unidad en un entorno local. Los líderes y miembros / seguidores deben trabajar continuamente en conjunto para asegurar la unidad en la iglesia. Las medidas prácticas a tomar por ambos se discuten más adelante.

El Papel Del Liderazgo

1. ***Reformular Regularmente y Definir Claramente la Visión-*** Es la responsabilidad del liderazgo para asegurar que la visión de la iglesia local este clara y firmemente definida. Tal visión debe estar en línea con la gran comisión y el tema general de reconciliar al mundo con Dios. Se deberá indicar claramente el tono, aspiraciones y enfoque de la iglesia local en la búsqueda de agradar a Dios y ser relevantes para su comunidad inmediata. La visión debe necesariamente estar clara para los líderes y los miembros libre cualquier ambigüedad. Los miembros deben ver claramente lo que la iglesia representa y tiene la intención de lograr. La visión regularmente debe ser reformulada y enfatizada a los miembros hasta que se comprometan en ella y busque la unidad del propósito.

2. ***Liderar al Servir*** -El Señor Jesús amonestando a sus discípulos en Mateo 23:11 dice ***"El que es el mayor entre vosotros, será vuestro siervo."*** En pocas palabras, el mayor debe estar listo para servir y no para ser servido. La verdadera marca de un gran liderazgo no es de enseñorearse sobre gente de Dios, sino siempre tener un corazón de siervo como uno que trata de ministrar a los demás como un líder servidor como se ejemplifica en el Señor Jesús lavando los pies de sus

discípulos. Esta actitud también debe ser demostrada y enseñada a los miembros.

3. **Liderazgo sin parcialidad** -Un líder como padre debe asegurar que el mismo trato se da a todos los miembros tanto como sea posible. Uno debe ser visto y conocido por tratar a los miembros con equidad y justicia y con la misma preocupación. El líder no debe fomentar abiertamente camarillas o cualquier forma de segregación / división en la iglesia. Relaciones o liderazgo partidario fomenta cisma.

4. **Caminar en el Amor y el Perdón**- Un líder a menudo será ofendido por los miembros de la congregación, pero debe esforzarse por caminar en el constante perdón y el amor. Pablo nos exhorta a ser vasijas de misericordia que tienen misericordia entrañable y ser misericordiosos hacia los otros (Filipenses 2: 1-2) Un líder debe proporcionar una especie de regulación en su corazón para que la congregación se mantenga en dirección correcta, sobre todo cuando las ofensas provienen de las personas menos esperadas.

5. **Predicar con el ejemplo**- Pablo escribiendo en I Corintios 11: 1 ***"Sed imitadores de mí, así como yo lo soy de Cristo."*** Es responsabilidad de un líder dar el ejemplo y demostrar lo que predica y espera de los miembros de la congregación. De hecho si nosotros como Sus oyentes ovejas seguimos a Cristo,

no caminaremos en la oscuridad, sino que tendremos la luz de la vida.

6. *Sea abierto a las críticas-* Tan difícil como puede ser, un líder debe aprender y practicar la apertura a la crítica sin tomar las cosas personalmente. Se deben hacer esfuerzos para escuchar y aprender, incluso cuando, la crítica no ha sido bien presentada. La atención debe centrarse en los problemas y no las personalidades involucradas.

7. *Estar dispuesto a adaptarse a los cambios-* Mientras se mantenga firme y fiel a la sana doctrina y la enseñanza, un líder debe estar abierto al Espíritu Santo. No es raro para Dios conducir a su pueblo por diferentes estrategias y métodos para lograr el mismo objetivo. El Señor Jesús sanó a diferentes personas a menudo empleando diferentes métodos. Pablo dijo: *"... a todos me he hecho de todo para que de todos modos salve a algunos."* 1 Corintios 9:22. El esencialmente en la búsqueda de ser un verdadero pescador de hombres, empleó diferentes señuelos para diferentes personas que necesitaba ganar para Cristo. Un líder debe estar dispuesto si es necesario alejarse de lo que no funciona y adoptar y/o participar en lo que está funcionando para lograr los propósitos de Dios para la iglesia.

8. *Enseñar Sana Doctrina y Principios Bíblicos-* La unidad y la comunión observada en la iglesia

primitiva se debe en parte al hecho de que, los discípulos continuaron en la doctrina de los apóstoles (Hechos 2:42). El papel del líder es proporcionar buenas enseñanzas como base para la madurez de los creyentes, al ellos caminar en el amor y la unidad. La sana doctrina en la maduración de los creyentes les ayuda a concentrarse en las principales cosas que nos unen más que lo que divide.

9. ***Sea consistente con las Reglas y Regulaciones*** - Los miembros son generalmente intolerantes a un líder que cambia las reglas dependiendo de las circunstancias. Un líder debe franco y garantizar que el conjunto de normas son consistentes, a pesar de que podrían estar involucrado. En su defecto, los miembros comienzan a desarrollar un sentimiento de parcialidad aunque fuera involuntaria. Tales malos sentimientos de parcialidad o favoritismo siembran semillas de la discordia y la desunión. Uno podría no ser capaz de legislar aquí, sobre cómo los líderes establecen sus normas, pero merece la pena señalar que las reglas inconsistentes pueden obstaculizar la unidad.

10. ***Alentar y enfatizar el Trabajo en Equipo y Recompensar Equipos*** - Cada vez es más importante para el cuerpo de Cristo comprender los principios del trabajo en equipo y aplicarlos cuando nos relacionamos unos con otros. Estos principios, aunque arraigadas en

las verdades de las Escrituras, han tendido a eludir a muchos en el cuerpo de Cristo. El líder debe esforzarse para entrenar a los miembros sobre la importancia del trabajo en equipo y la relación con la unidad. El trabajo en equipo se basa en la unidad. Los miembros regularmente deben participar en actividades de trabajo en equipo en la iglesia. Esto ayuda a desarrollar relaciones más estrechas y entendimientos que promueven la unidad.

El Papel de los miembros

1. ***Entender y Apoyar la Visión*** - Mientras que la responsabilidad del líder es definir con claridad y establecer la visión de la iglesia, es responsabilidad del miembro tratar de comprender, asimilar y ejecutar la visión. Tratar de entender y ejecutar la visión presentada por el líder es un pre-requisito para la concordia de la mentalidad y por lo tanto la unidad. Cuando los miembros carecen de la claridad de la visión, el resultado es murmuración y quejas innecesarias, lo que resulta en la división. En lugar de ser una fuente de discordia en la iglesia, los miembros deben buscar una aclaración de la visión de sus líderes. En situaciones en las que es probable que no están totalmente de acuerdo con la visión, la responsabilidad está todavía

en el miembro de seguir al líder, siempre y cuando la visión está en línea con el propósito general y el plan de Dios para la iglesia.

2. **Ser Leal y de Apoyo**- En la relación entre el liderazgo y la membresía, un ingrediente clave para la unión es la lealtad al líder. Esto sin embargo no debe ser lealtad ciega, incluso cuando el líder está caminando en contra de las escrituras. La lealtad en este contexto es hacia los líderes que se centran en el propósito, la visión y la misión de Dios. Una vez que un líder se dedica a cierto ministerio, los miembros debe la lealtad y apoyo al líder. La membresía debe tener cuidado de no criticar el liderazgo basado en el método y/o el estilo. Un líder puede ser llevado por el Espíritu Santo para hacer algo que no necesariamente puede ser la norma o el status quo aceptado. Lo importante es centrarse siempre en el resultado final que glorifica a Dios. Diferentes líderes a menudo exhiben diferentes estilos y métodos, pero todos ellos están todavía en dirección hacia el mismo objetivo. En otras circunstancias, los miembros deben tener cuidado de comprender y apreciar los talentos del líder, para poder así efectivamente seguir y apoyar ese líder.

3. **Orar por el Liderazgo**- Un deber principal de los miembros es orar por los líderes sobre ellos. La Iglesia como una persona jurídica debe tener el hábito de

orar regularmente entre sí tanto en privado como en público. Al igual que Aarón y Hur sostuvieron las manos de Moisés durante la guerra con Amalec (Ex17:10-12), es imprescindible que los miembros presenten siempre el liderazgo en oraciones para protegerlos de esos momentos que podrían estar cansados, débiles o vulnerables. Es triste observar que a menudo en la Iglesia, los miembros pasan más tiempo en murmuración y en chisme, en lugar de orar por el líder. Siempre que un miembro observa problemas en la iglesia y/o con el líder, la primera acción DEBE SER SIEMPRE A ORAR, y CONTINUAR hasta que ocurra un cambio. Veríamos más resultados positivos en la iglesia si los miembros oraran más que pontificar sobre el liderazgo.

4. *Honrar y Obedecer el Liderazgo-* La Escritura nos exhorta a tener en gran estima a los que ministran la palabra para nosotros. El respeto y honor respecto a liderazgo espiritual es de hecho dirigido al Señor. En la iglesia, deshonrar a los que Dios ha puesto en autoridad sobre nosotros, es por lo general una receta para la siembra de semillas de desunión en el cuerpo. Debemos asegurar constantemente que no estamos creando divisiones por faltar el respeto a las autoridades. Aprendemos de Salmo 133, que la unción es capaz de fluir libremente de la cabeza al cuerpo,

cuando habitamos juntos en armonía. Respetar la autoridad espiritual es una de las principales formas para posicionarnos de tal forma que la unción de Dios fluya en nuestras vidas.

5. **Buscar la Paz**- Un número de pasajes bíblicos nos obliga a buscar la paz con otros miembros del cuerpo de Cristo. Esto requiere un esfuerzo y un compromiso con propósito de encontrar paz entre nosotros. Los creyentes deben hacer todo lo posible en su poder para permanecer siempre en paz con los demás. Un ambiente tranquilo permitirá a la unidad prosperar. La escritura dice en 2 Timoteo 2:24 que el siervo del Señor no sea contencioso. Las luchas entre los creyentes es a menudo una señal de carnalidad y debe ser cortada de raíz lo más rápido posible, ya sea a través de la enseñanza, el consejo o en algunos casos la disciplina.

6. **Estimular el Amor y la Unidad**- El Señor Jesús dijo en Juan 13:35 que: ***"En esto conocerán todos que sois mis discípulos, si tenéis amor los unos por los otros"***. Pablo en 1 Corintios 13, dijo: "... el amor sobrepasa..." Cada miembro del cuerpo de Cristo debe velar por que siempre se esfuercen en caminar en el amor y la unidad. El camino en el amor de cada creyente es de suma importancia para una relación sana en la iglesia. Pablo en Gálatas 5: 6 dice que ***"... La fe obra por el amor."*** El apóstol Juan escribiendo en 1 Juan 4: 7-8,

dice que *"... todo el que ama ha nacido de Dios y conoce a Dios, porque Dios es amor..."*. En esencia, el amor es la base sobre la que se construye la iglesia. Sin amor y unidad, la iglesia será sólo como cualquier otro grupo o reunión social de las personas con una agenda común, vacío de cualquier meta espiritual o eterna. Debe ser el hábito regular y constante de cada creyente el alentar y andar siempre en amor y unidad en todo momento. De hecho, es parte de nuestro derecho y herencia divinos, así que ejercitémoslo.

7. *Ser Proveedor de Soluciones en vez de Creador de los Problemas* - A menudo, muchas personas en la iglesia notan fácilmente lo que está mal en la iglesia, sin proferir una solución para el problema. Enfatizar constantemente problemas en la iglesia en general, crea quejas, murmuraciones, disensiones y divisiones. Si bien no está fuera de lugar el darse cuenta de lo que está mal con el cuerpo de Cristo, un propósito mayor se sirve cuando tomamos la iniciativa para proporcionar soluciones y de hecho ser la solución al problema que notamos. Ayudar a curar la iglesia debe ser nuestro ministerio tanto como ayudar a construir un templo santo y sin mancha ni arruga al Señor.

La unidad en una denominación

Una denominación representa un grupo de iglesias bajo un liderazgo de alto nivel y que se suscriben en general, a las mismas creencias y doctrinas. La mayoría de las iglesias bajo la misma denominación, además de su similitud en la doctrina también exhiben una homogeneidad significativa en el comportamiento, actitud, modo de culto y se centran en el ministerio. A pesar de esto, todas las denominaciones independientemente de su tamaño y estructura, aún lidian con la cuestión de la unidad. Tales desafíos parecen ser frecuentes especialmente en los niveles de dirección y mandos intermedios.

A. Nivel superior de Liderazgo

i. Seguir al líder de la Organización- Debido a la naturaleza de la concentración de dones de los hombres en este nivel existe la tendencia de algunos a hacer sus propias cosas en detrimento de la visión de la organización de la Iglesia. No hay nada malo en el cumplimiento de la visión propia dentro de una organización, siempre y cuando uno se someta al liderazgo. Los líderes a este nivel deben resistir la tentación de yuxtaponerse a ellos mismos y competir unos con otros. Debieran más bien complementarse mutuamente para obtener una visión más amplia de tal manera que se mejora la unidad y la relación sana dentro del cuerpo.

ii. Estar en Línea con la Visión de la Organización más Grande- mientras no esté totalmente de acuerdo con la visión de su organización permanezca en oración comprometida con ella hasta que reciba la comprensión completa. Si esto no es factible o posible es mejor salir si no se puede entrar. Trabajar en contra de la visión es rebelión y Dios no bendice rebelión.

iii. Mantenga el Panorama en Vista- cuando dirija siempre mantenga el panorama a la vista. Esto le ayudará a poner a las personas adecuadas en los lugares adecuados en su esfuerzo por cumplir la visión.

iv. La Humildad es la Clave- en este nivel hay una tendencia a creer que uno ha llegado a lo alto y, por tanto, tratar a los demás bruscamente. Si bien es cierto que Dios resiste a los soberbios y promueve los humildes - la humanidad detesta y reacciona a los soberbios. Estas reacciones contrarias no promueven la unidad y la cooperación en el logro de la visión. Se lo impide.

v. Balance de Poder- Base de poder desequilibrada es perjudicial. Tiene que haber controles y equilibrios de líderes de nivel superior mediante el fomento de un paradigma de gestión de la matriz y el marco de trabajo más que uno jerárquico. Recuerde siempre como un líder que el poder absoluto corrompe absolutamente. La reacción en Hechos 6: 1 era el desequilibrio que se muestra en el reparto de alimentos entre los dos grupos de personas cristianas. Se alcanzó el equilibrio de poder cuando siete hombres fueron elegidos para cuidar del negocio (V3-4). Este mató el proceso de desunión alzando su cabeza.

vi. Se fomenta la Selección Estratégica de los Líderes. No deberían ser seleccionados por favoritismo, racismo, tribalismo o nepotismo, todos los cuales son una tendencia desagradable y perjudicial dentro de las organizaciones de la iglesia en la actualidad. Si bien la iglesia no necesita un proceso electoral democrático para designar personas para el liderazgo, una situación en la que todos los principales líderes de una denominación nacional y/o global pertenecen a la misma raza o tribu, por ejemplo, debería ser motivo de preocupación. La denominación debe ser intencional al plantear y designar líderes que representen los datos demográficos de la denominación. Además, hay una diferencia en ser llamado al liderazgo y desear ser un líder. En cuanto a la participación de líderes que vemos a nuestro alrededor hoy, a juzgar por sus frutos y disposiciones, se puede deducir con seguridad que algunos de ellos la desean más de lo que tienen el llamado. Cuando los hombres equivocados están en la posición de liderazgo sobreviven y mantienen su control sobre la autoridad a través de divisiones y mandato, lo que hace que la unidad sea absolutamente imposible. Esta es una razón por la que necesitamos la ayuda del Espíritu Santo al seleccionar los hombres para el liderazgo.

vii. Resolución de Conflictos Objetivo- enfoque equivocado a la resolución de conflictos es la forma más rápida de romper una iglesia en grupos escindidos. Un líder tiene que auto diferenciarse y ser imparcial en el tratamiento de diversos problemas de conflictos. Él debe ser lo suficientemente paciente para escuchar a ambas partes antes de llegar a juicio. Su objetividad, sinceridad, enfoque honesto y no partidista perdurará para forjar la unidad dentro de la iglesia.

B. Liderazgo Nivel Medio

i. Tener la Intención de Trabajar en Equipo- El trabajo en equipo ayuda a difundir el llanero solitario, síndrome de súper estrella que da exclusividad al charlatán y vuelca el otro como el no-hacedor. El trabajo en equipo mejora la unidad del grupo, ya que nadie reclama la gloria. Se trata de un "nosotros" que inspira compañerismo y aprender a colaborar en lugar de competir.

ii. Aumentar el foro de interacción - la formación de liderazgo- esto es, básicamente, equiparlos para el servicio y la guerra si su comprensión del ministerio es la supervivencia del más apto. El más apto en esta contienda no es el que hace las cosas en su propia habilidad, sino el que reconoce la necesidad de depender de Dios y, por lo tanto, se rinde voluntariamente a Él a medida que le sigue. Él / Ella que no sabe cómo seguir no puede liderar.

iii. Centrarse en el Desarrollo de los Dones Ministeriales En lugar de Jerarquía Administrativa o de Ordenación- esto establece el instrumento de gracia para mayores hazañas en la viña del Señor. Ninguna cantidad de esfuerzos humanos va hacer el trabajo de manera eficaz, porque la tarea es en gran parte espiritual, por lo tanto, se requieren los dones espirituales para lograr las metas espirituales. Se deben hacer esfuerzos para identificar estos dones y desarrollarlos para el crecimiento y el próximo nivel de ministerio sin dejarse intimidar. Cuando se intimida al liderazgo tales dones son silenciados o no les da la oportunidad de ser alimentado a través de su ejercicio dentro de la organización o más allá.

iv. Fomentar el Respeto de Clasificación y Autoridad Espiritual -si bien es cierto que somos hermanos, sin embargo, todavía hay jerarquías dentro del contexto espiritual. Los que se colocan en la autoridad debe dar mano libre para ejercerla y animarles a hacerlo a través de la provisión de los recursos que les permitan funcionar de manera efectiva. Cuando los que tienen autoridad no son respetados, o clasificaciones espirituales son desestimadas "y cada uno hace lo que es correcto en sus propios ojos", este abuso de rangos pronto afecta a la estructura y el caos será el resultado. *Una buena señal* *de la madurez cristiana es la capacidad para clasificarse a sí mismos con humildad y apropiadamente junto a aquellos que son más maduros que usted, incluso si usted puede ocupar una posición más elevado en la jerarquía de la iglesia.*

v Alentar la Preferencia de unos a otros. - esto efectivamente es uno de los antídotos para el "servicio" de los que solo miran y de la competencia. Dejar que otros tomen su lugar a pesar de saber que eres mejor que ellos. Darles la oportunidad de evolucionar, aun animándoles a intervenir, así como, dándoles el apoyo necesario, como si usted es el asignado a hacerlo y dejar que se lleven el crédito. Esto suena idealista, pero digno de intentar.

C. EL rol de los Miembros

Un fenómeno observable pero preocupante en iglesias confesionales individuales, es la exhibición ocasional de territorialismo. Es absurdo que las iglesias individuales que pertenecen a la misma denominación formen paredes innecesarias y no beneficiosas entre ellas. Para las iglesias que pertenecen a la misma denominación, existe quizás una de las mejores oportunidades para modelar la unidad de la Iglesia. Cada iglesia individual debe ver el avance, la alegría, el éxito y la victoria de otra iglesia compañera como propia. Los miembros de cada una de estas iglesias deben ser alentados a apoyar y ayudar a otras iglesias hermanas, no solo en ocasiones especiales y conferencias o convenciones, sino que cultiven una actitud general de ser una bendición cada vez que surja la ocasión. Alguien podría preguntar: ¿Será esta situación en la que nos ayudemos unos a otros libremente, sin que los miembros pasen de una iglesia hermana a otra indiscriminadamente? Si bien es consciente de esta posibilidad, parte de garantizar la unidad entre las iglesias hermanas es el establecimiento de un código de conducta específicamente para tratar con miembros y ministros ingobernables. La recomendación sería simplemente obtener una referencia de un pastor anterior al próximo pastor si debe mudarse. Esto se ha hecho con éxito en algunas denominaciones. Cabe mencionar aquí que el liderazgo (especialmente en el nivel medio) establece el tono para la unidad deseada entre los miembros de las iglesias hermanas dentro de la misma denominación. En resumen, el aliento aquí es mantener siempre centrada nuestra unidad.

Unidad a través de Denominaciones

Con el fin de cultivar y fortalecer la unidad a través de denominaciones es importante centrarse en los principales fundamentos de la fe, que incluyen los siguientes:

- *La salvación por la fe en la obra completa de El Señor Jesucristo-* por ejemplo, algunas denominaciones no aceptan a alguien como pertenecientes a ellas si no es un miembro. La línea de base para ser hermanos en todo denominación es que uno sea salvo por gracia, y no por las obras para que nadie se gloríe.

- *El Señor Jesucristo*- Persona, Ministerio y el Mensaje del Señor deben ser los factores que nos unan más que dividirnos. Nuestras doctrinas y dogmas de la iglesia no deben ser el criterio, porque se trata de normas y reglamentos humanos diseñados para guiar a la congregación en el camino hacia una mejor vida cristiana. Sin embargo, ahora se convierten en el mensaje de que todo el mundo a través de denominaciones debe encajar para ser aceptado.

- *Evangelización / La Gran Comisión* - ganar almas para él en el vínculo de la unidad, dejar de competir por intereses (teniendo un objetivo en mente, ganar almas para Cristo no poblar "mi iglesia" para las ganancias del crecimiento numérico), a medida que avanzamos progresivamente hacia el cumplimiento de la gran comisión. La Gran comisión, una "raison d'etre" principal de la Iglesia, debe ser siempre una base de comunión para todos los creyentes en el cuerpo de Cristo.

- *El cielo y el infierno*- estos son reales y deben ser un mensaje central a través de la plataforma de la denominación si queremos esforzarnos por avanzar en la unidad. Pablo dijo en 1 Corintios 15:19 dijo que "Si en esta vida solamente esperamos en Cristo, somos los más dignos de conmiseración de todos los hombres." Cristo en nosotros es la esperanza de Gloria – Colosenses 1:27.

- ***Arrepentimiento de obras muertas*** - a la presente disposición de algunos que afirman nacer de nuevo y todavía quieren ser políticamente correctos, sus acciones parecen contradecir esta verdad. Pecados como la mentira, envidia, celos, aborto, inmoralidad por ejemplo, la fornicación, el adulterio, el abuso de drogas, y otras obras de la carne (Gálatas 5: 19-22), deben ser condenados a la luz de las Escrituras. La salvación por gracia y no por obras debe ser adoptada.

- ***Bautismos*** - en agua por inmersión después de la conversión, en el Espíritu Santo expresado a través del hablar en lenguas y en la plenitud de Cristo. Todos estos son enseñanzas básicas de Cristo que expresan nuestra unidad en él.

- ***Espíritu Santo*** - estos incluyen creer en la recepción de la llenura con la capacidad de hablar en una lengua desconocida tal y como uno desarrolla frutos y dones como uno es guiado por el Espíritu Santo. El bautismo del Espíritu Santo es principalmente para capacitar a los creyentes para un ministerio efectivo en la tierra.

Los temas del bautismo en agua y el bautismo del Espíritu Santo, son quizás uno de los más divisivos en todas las denominaciones. Aquí no hay intención de entrar en un debate teológico. Mi resumen sería que, si bien ninguno de estos bautismos se necesita necesariamente para entrar en el cielo (como el ladrón en la cruz no experimentó ni lo mejor de nuestro conocimiento), para aquellos de nosotros que tenemos que vivir la vida Cristiana aquí en la tierra después del ser salvos, seríamos sabios si estudiamos las Escrituras en forma objetiva en lugar de arrastrar dogmáticamente una línea denominacional.

- *Amor-* este es el fruto principal y compuesto del Espíritu Santo que nos da poder para vivir de verdad en Cristo. Este amor, que es "ágape - ***clase de amor de Dios***", ha sido derramado en nuestros corazones por el Espíritu Santo y debe ser expresado prácticamente si estamos verdaderamente nacidos de Dios.

- *Fe-* reduce esencialmente a través de todas las denominaciones, pero la definición y el enfoque pueden ser diferentes en su expresión. El énfasis debe ser que los cristianos, que es la persona justificada no tiene otra opción que vivir por la fe en Dios (Habacuc 2: 4, Romanos 1:17, Gálatas 3:11 y Hebreos 10.38). Esta fe es de hecho la fe de nuestro Señor Jesucristo - Gálatas 2:20.

A continuación se destacan también más alimento para el pensamiento.

- Fomentar la utilización de los dones del ministerio a través de denominaciones dando la bienvenida a los dones de los hombres de otra división confesional en nuestro redil.

- Animar a sus miembros de la congregación de la iglesia para asistir a conferencias y seminarios a través de líneas de denominaciones. No iniciar su propio programa porque una denominación que compiten de la misma fe es como tener una conferencia eclesiástica o seminario. Ser parte de lo que están haciendo es un cultivo de unidad que fortalecerá los dos.

- El respeto y ser objetivo acerca de las diferencias sin despreciar el punto de vista de los demás. Si se encuentra preocupado o interesado, entonces ORE. Dios es capaz de guiar a la iglesia a toda la verdad.

- Centrarse en orar unos por otros y fomentar el estudio objetivo y la interpretación de las Escrituras

La gloria de la Unidad
De los Santos

"Solícitos en guardar la unidad del Espíritu en el vínculo de la paz. Un cuerpo y un Espíritu, como fuisteis también llamados a una misma esperanza de vuestra vocación; un Señor, una fe, un bautismo; Un Dios y Padre de todos, que está sobre todos, y por todos, y en todos vosotros." - Efesios 4: 3-6

¿Es la Iglesia (los llamados) no el Cuerpo de Cristo? ¿Está dividido Cristo? ¿No vamos a mostrar a esta generación lo que puede ser realmente posible en la Iglesia? ¿Son las verdades de las Escrituras toda una farsa? ¿Cristo no está vivo? ¿No es la Iglesia los redimidos del Señor? ¿No hemos sido comprados a gran precio (la sangre del Señor Jesús)? ¿No nos atesora Dios como vasos de barro? ¿No es Cristo en nosotros la esperanza de gloria? ¿No es Cristo en nosotros mayor que el que está en el mundo? ¿Cuándo los miembros particulares del Cuerpo de Cristo morirán a sí mismos de manera que el fruto glorioso Dios y vida abundante puede manifestarse?

¿Cuándo va a la Iglesia demostrar multiforme sabiduría de Dios a los principados y potestades en los cielos (Ef. 3:10)? ¿Cuándo los habitantes de la tierra verán el cielo en la manifestación? ¿Cuándo se detendrá toda la creación de esperar y gemir para la manifestación de los hijos de Dios?

Quiera Dios que la Iglesia entienda lo que David quiso decir cuando dijo: *"He aquí cuán bueno y cuán delicioso es habitar los hermanos juntos en armonía" (Salmo 133: 1).* Si lo hiciéramos, tendríamos que hacer un mayor esfuerzo para asegurar que prevalezca la unidad dentro de la iglesia. Nos esforzaremos para asegurar que se crea el ambiente que fomente la honestidad, la sinceridad y la paz en la mejora de nuestro amor por los demás y así unidos en un propósito singular de agradar a Dios. El reto, sin embargo es que veamos la unidad como una ausencia de fricción.

Lo más pronto veamos desafíos de la unidad como parte del proceso de crecer espiritualmente hasta alcanzar la madurez, más fácil sería para nosotros trabajar por la unidad. Lo que tenemos que aprender es a perdonar y rápidamente aprender a dejar atrás el pasado, realmente centrarse en nuestros puntos fuertes y minimizar nuestras debilidades. Sin duda podemos estar unidos para agradar a Dios y en amar el uno al otro de un corazón sincero y sin pretensión. Lo que tenemos que hacer es crecer y madurar en el amor. Pues *"... el perfecto amor echa fuera el temor..."*. (1 Juan 4:18). Debido a la imperfección en el amor, tenemos miedo a ser sinceros y honestos con los demás, prefiriendo glorificarse en la hipocresía en lugar de enfrentarse a lo que está mal con nosotros.

Pablo nos muestra un ejemplo de cómo no hay que unirse, sino luchar por la verdad y enfrentarse a ella de cabeza, cuando reprendió a Pedro de retroceder a los cristianos gentiles en Gálatas 2:14. Necesitamos demostrar que regularmente es mejor la reprensión publica que el amor en oculto (Prov. 27: 5). Cuando nos relacionamos más entre sí y con un corazón sincero y amoroso, eso ayuda a prevenir la postura general en la iglesia de esconder las cosas debajo de la carpeta, dejando las cuestiones sin resolver desde hace mucho tiempo y por lo tanto impidiendo el amor y la unidad deseada entre nosotros.

La ausencia de verdadero debate cristiano y vacío teológicamente a los intereses personales y las ofensas también han robado a la iglesia y especialmente a los líderes de madurar en este importante aspecto de la unidad. El resultado es la situación en la que se mantiene un silencio superficial de un status quo poco saludable y eso es visto como unidad. Nadie está dispuesto a enfrentarse a los errores de los líderes desde una perspectiva bíblica. El poco de levadura hace fermentar con el tiempo toda la masa y entonces pregunta por qué el cuerpo es desunido. La responsabilidad se encuentra casi siempre en los líderes para proporcionar el liderazgo en la unidad. La unidad en la cabeza definitivamente fluirá hacia el resto del cuerpo. Es alcanzable y hay que luchar por ella.

Como líderes debemos estar abiertos a la corrección y el reproche basado en la escritura, ya que muchas causas de la desunión es la falta de voluntad para seguir los principios bíblicos en ciertas acciones que tomamos, prefiriendo defender y/o proteger nuestro territorio y nombre, en lugar de la fe. Debemos tener nuestra mente en el reino y siempre operar desde la perspectiva de Dios sobre los temas. Esto es lo que hay que hacer con el fin de obtener los beneficios y la experiencia de la bendición enviada que sigue un cuerpo unido de Cristo. Tales beneficios que se derivan de habitar juntos en la unidad entre otros incluyen los siguientes:

El logro de nuestros objetivos deseados- El beneficio principal de la unidad, además de la multiplicación del esfuerzo es la amplificación resultante de los resultados deseados y el logro de los objetivos deseados, posiblemente, a un ritmo más rápido. Esto es atribuible a los efectos sinérgicos derivados de la suma del todo es mayor que la suma de las partes individuales. Esto significa que siempre alcanzan generalmente más como un equipo trabajando juntos que cuando trabajamos de forma individual. También somos capaces de superar nuestras expectativas y cumplir el propósito de Dios más rápido.

La Biblia dice que dos son mejor que uno (Ecl 4: 9), cuando dos duermen juntos, se dan unos a otros el calor (Ecl 4:11) Y un cordón de tres dobleces no se rompe fácilmente

(Ecl 4:12). Cuando trabajamos juntos, se logra un mayor éxito, debido en alguna parte a la unción corporativa y gracias puestas a disposición por nuestro esfuerzo combinado. Esta amplificación de los resultados debido a nuestros esfuerzos colectivos debe ser un incentivo principal para nosotros buscar siempre a trabajar juntos en armonía.

Otra gloria observable de la unidad de la iglesia o incluso cualquier situación de trabajo en equipo es lo que yo llamo "EFECTO MOMENTUM". Este es el auto propulsar la producción de resultados que surgen del esfuerzo conjunto de un grupo de personas que trabajan juntas, aun cuando tal vez se reduce el número de los que iniciaron el proyecto. Parece que cuando mucha energía y esfuerzo combinado se han puesto en un proyecto al principio, posteriormente el proyecto tiene una forma de continuar a producir resultados más adelante incluso con un menor esfuerzo.

La Unidad mejora en gran medida la salud espiritual, la energía, el crecimiento y la influencia de una iglesia más que cualquier otra cosa. Una iglesia unida siempre va a atraer a los no cristianos a Cristo, debido principalmente a la unción y la presencia de Dios en libertad y que se manifiesta en esa iglesia. Además, una iglesia unida siempre será generalmente atractiva, ya que proporciona un refugio seguro y amoroso para los solicitantes y creyentes por igual.

El verdadero amor de Dios se manifiesta en nuestro amor por el otro.

Otra gloria de la unidad es que la Iglesia puede ejemplificar al reino de Dios, tanto como en el cielo como en la tierra. Donde el amor hace prosperar, relaciones sanas que inspiran logros colectivos alcanzables incluso bajo situaciones difíciles, donde se hacen posibles. Todo el mundo se orienta hacia el bien de los unos a los otros y todos ellos persiguen objetivos comunes carentes de rencor o la competencia. Este factor explica claramente uno de los éxitos de los discípulos del Señor en Hechos de los Apóstoles hasta el estallido de la crisis entre el griegos y los Judíos helenistas en el capítulo 6: 1

Donde la gente persigue objetivos comunes en el amor los beneficios o resultados son evidentes para todos poderlos ver. No es sorpresa para los que oran juntos, juegan juntos y crecen juntos mientras otros se agregan a ellos. Esta es la historia de la Iglesia en Hechos y si sinceramente permitimos al Espíritu Santo hacer su voluntad, una vez más podremos ver una repetición de estos gloriosos movimientos dentro del cuerpo de Cristo. Los aspectos más destacados de los resultados del trabajo de amor por la fe en nosotros como lo expresamos el uno al otro se enumeran a continuación para nuestra lectura:

- Rápido crecimiento espiritual
- Aumento en el apetito y la acción misionera
- Renacimiento persistente entre los creyentes
- La claridad de la visión y el propósito del reino de Dios
- flujo sin obstáculos de la unción de Dios

¿Es Posible la Unidad?

¿Andarán dos juntos, si no estuvieren de acuerdo?
Amos 3: 3

El hecho de que el Señor Jesucristo oró para que seamos uno en Juan 17, muestra que Él espera la unidad entre sus seguidores. La aparente falta de unidad que se ve en la Iglesia de hoy no es porque Dios no puede ayudar a que estemos unidos, sino más bien la negativa a morir a uno mismo, exposición de orgullo y la insistencia en la voluntad propia son los factores que dificulta. La unidad es posible mientras escuchamos el mandato de las escrituras que se describen a continuación:

Exhortaciones de las escrituras para la unidad de la Iglesia

1. Proverbios 6: 16-19 dice: "Seis cosas aborrece Jehová, y aun siete abomina su alma: Los ojos altivos, la lengua mentirosa, las manos derramadoras de sangre inocente, el corazón que maquina pensamientos inicuos, los pies presurosos para correr al mal, el testigo falso que habla mentiras, y el que siembra discordia entre hermanos". La opinión de Dios es muy fuerte y clara sobre este asunto. Él odia cuando alguien siembra deliberadamente la discordia entre otros hermanos. Los creyentes siempre deben evitar esta tendencia abominable, malvada y demoníaca a toda costa.

2. Amos 3: 3 (NVI): *¿Andarán dos juntos, si no están de acuerdo?*
   Esto amplifica la potencia de dos en el cumplimiento de lo que se propuso lograr en la unidad. De hecho, implica una posible exploración de oportunidades basadas en un acuerdo cultivado. Se centra en un terreno común de logro de consenso de los objetivos perseguibles sin ningún impedimento ni obstáculo - los ingredientes clave siendo esencialmente la unidad. Rehusarse a tomar atención a que esto impedirá la verdadera unidad.

3. Hechos 1:14 (RVR) *"Todos éstos perseveraban unánimes en oración y ruego, con las mujeres y con María la madre de Jesús, y con sus hermanos".*

Que continuaran en un acuerdo o convenio amplifica o acentúa el efecto momentum o elevar a la dos lo que pueda imaginarse matemáticamente. El cultivo de un objetivo divino lleva mucho fruto a través de la unidad que goza la continuidad sin alear o sin obstáculos. La unidad fue la fuerza central o sustento que dio la voz al movimiento y el impulso que se convirtió en una fuerza a considerar.

4. Hechos 2:42 (NVI): *"Y perseveraban en la doctrina de los apóstoles, en la hermandad, y el partimiento del pan y en las oraciones".*

La unidad mejora o dirige la continuidad o mejor dicho, es la fuerza centrífuga que impulsa la continuidad incluso en contra de todas las probabilidades. Los discípulos continuaron en la doctrina de los apóstoles, ya que captó la visión de unidad que los condujo. La Doctrina o Escrituras de los Apóstoles forman la base de la unidad, y la convicción con la que la doctrina se extendió de manera agresiva con pasión. Tanto el líder y el seguidor comprendieron la fuerza impulsora -UNIDAD - y el mensaje: "Cristo Resucitado" como uno dado a los enviados "Apóstoles" que se establecieron en el liderazgo apostólico. No había ni un desacuerdo en el contenido ni el contexto, ya que la interpretación era claro para todos y por lo tanto todo el mundo estaba unido en su pasión para difundir el mensaje.

5. Romans15: 6: *"... para que unánimes, a una voz, glorifiquéis al Dios y Padre de nuestro Señor Jesucristo".*

La exhortación aquí es estar unidos en la adoración a Dios cuando estamos unidos en un mismo propósito y enfoque. Si hay una nota discordante en el sonido de la música no convendrá al mensaje necesitado. Tanto la mente y la boca y de hecho el corazón, deben estar de acuerdo para tener éxito con eficacia en la adoración divina o de lo contrario nuestra adoración se contamina o daña y por lo tanto es inaceptable para el Señor. Una adoración unida conecta a la espiritualidad como algo distinto a un acto carnal, o más bien la manifestación de la carne que le falta aceite fresco o unción que hace que caiga la gloria de Dios.

6. 1 Corinthians1: 10-11 (RVA)

v10 "Os ruego, pues, hermanos, por el nombre de Jesucristo, que habléis todos una misma cosa, y que no haya entre vosotros divisiones, sino que estéis perfectamente unidos en una misma mente y en un mismo parecer.

v11 Porque se me ha informado acerca de vosotros, hermanos míos, por los son de Cloé, que hay entre vosotros contiendas".

La unidad se lleva fuera de la relación con Cristo, el apóstol de la unidad que no estimó el ser igual a Dios. Se garantiza al aprender colectivamente de él, andan conforme a su consejo y escucha su latido del corazón. Es desde esta perspectiva que comenzamos a hablar la misma cosa que él habla y para evitar divisiones como él lo hace. Empezamos a buscar la manera de estar perfectamente unidos en una misma mente como Dios el Padre, Dios el Hijo y el Espíritu Santo se unen entre sí y uno con el mismo criterio. Sólo podemos garantizar el mismo juicio así como nosotros vemos que la Trinidad estableció el modelo de unidad para nosotros mientras caminamos como verdaderos hijos de Dios basados las escrituras.

7. 1 Corintios 12: 25-26 (RVA)

   v25"…para que no haya división en el cuerpo, sino que los miembros todos se preocupen los unos por igual los otros por los otros.

   v26"De manera que si un miembro padece, todos los miembros padecen con él; o si un miembro recibe honra, todos los miembros con él se gozan".

   Debemos evitar divisiones y camarilla y centrarse en tener el mismo cuidado y preocupación por los demás sin parcialidad. Tenemos que aprender a llevar una carga ajena, mientras sufrimos con cualquier persona que sufre y regocijamos con los que se alegran. Debemos aprender a celebrar entre sí en la humildad.

8. II Corintios 13:11 (VRV): *"Por lo demás, hermanos, tened gozo, sed perfectos, tened consolación, sed de un mismo sentir y vivid en paz; y el Dios de paz y estará con vosotros".*

Siendo de la misma opinión en la humildad fomenta la paz unos con otros y la eventual unidad, lo que garantiza la presencia de Dios en medio de la iglesia. Pablo nos anima aquí a ser de una mente y vivir en paz.

9. Filipenses 3:16: *"Pero en aquello a que hemos llegado, sigamos una misma norma, sintamos una misma cosa"*.

   La unidad se logra mediante nuestro caminar por la misma regla y principios basados en las escrituras. Debemos buscar siempre establecer la misma base de nuestras acciones basadas en las escrituras. Nuestras decisiones y acciones deben ser según lo ordenado por la palabra de Dios. Al hacerlo, estaríamos operando por la misma mentalidad que ponemos continuamente en la mente de Cristo.

10. Filipenses 4: 2: *"Imploro a Evodia y Síntique Imploro a ser de un mismo sentir en el Señor"*.

    Aprender a trabajar en unidad con una sola persona, sienta las bases para un estilo de vida de la unidad. Esto puede ser con el cónyuge o con un hermano en la fe. Independientemente de su sexo, tenemos que aprender a presentar, rendir y trabajar juntos para lograr un propósito común y objetivo, por ser de la misma opinión.

11. 1 Pedro 3: 8 (NVI) *"Y finalmente, sed todos de aun mismo sentir, compasivos, amándoos fraternalmente, misericordiosos, amigables;"*

La exhortación aquí es ser de la misma mente, mientras tenemos compasión por los demás y amarse unos a otros como hermanos y hermanas. También hay que ser de tierno corazón y cortés el uno al otro. Cultivar un corazón tierno de compasión y cuidado es fundamental para promover la unidad en el cuerpo de Cristo.

En todas las escrituras discutidas anteriormente, el hilo que corre a través de ellos se centra en ser de la misma opinión. Esto significa que para que se produzca la unidad en la iglesia debe haber un esfuerzo deliberado hecho para ser de un solo espíritu y armoniosamente caminar de acuerdo los valores fundamentales de la iglesia. Cuando la suerte está echada, por ejemplo, en la guerra o de peligro, las prioridades de la fe, la esperanza, la paz, la alegría, la justicia y el amor se convierten preeminentes. Las preferencias individuales, iglesias o denominaciones incluso casi se vuelven irrelevantes. El Señor Jesucristo y la fe en Él y en su nombre, se convierten en el punto de reunión de los creyentes.

La Unidad del Espíritu y La Unidad de la Fe

Efesios 4: 3-7, 11-13 (RV)
v3 "Solícitos en guardar la unidad del Espíritu en el vínculo de la paz; v4 un cuerpo, y un Espíritu, como fuisteis también llamados en una misma esperanza de vuestra vocación; v5 un Señor, una fe, un bautismo, v6 un Dios y Padre de todos, el cual es sobre todos, y por todos, y en todos. v7 pero

a cada uno de nosotros fue dada la gracia conforme a la medida del don de Cristo. v11 Y Él mismo constituyó a unos, apóstoles; a otros, profetas; a otros, evangelistas; a otros, pastores y maestros, v12 a fin de perfeccionar a los santos para la obra del ministerio, para la edificación del cuerpo de Cristo, v13 hasta que todos lleguemos a la unidad de la fe y del conocimiento del Hijo de Dios, a un varón perfecto, a la medida de la estatura de la plenitud de Cristo..."

En el pasaje anterior, la "Unidad del Espíritu" es impuesta divinamente a todos nosotros sobre la base de una verdad fundamental que consta de siete (7) cosas (con una exposición más detallada a continuación) que TODOS los creyentes comparten (Efesios 4:4-6), como la base de nuestra unidad. Comprender y tener la revelación de esta verdad fundamental requiere que nos recibamos y nos relacionemos unos a otros con la aceptación incondicional que crea la atmósfera adecuada para la hermandad juntos. Entonces podemos centrarnos humildemente en nuestra unidad en lugar de diferencias superficiales. Lograr esto requiere que busquemos la paz que proporciona el vínculo para esta unidad del Espíritu.

En esta confraternidad, todos en una iglesia local presentan su gracia individual diferente de acuerdo con la medida del don de Cristo poseído, lo que ayuda a crecer y aumentar el conocimiento de Dios. Con el tiempo, dado este acuerdo, todos llegan a conocer a Cristo en la misma medida. Esto les permite a todos tener una mayor capacidad de alcanzar a Cristo para una revelación más completa de sí mismo. El ascenso hacia un mayor conocimiento de Cristo no llevará a todos al mismo nivel de crecimiento, ni a la misma dimensión de gracia. Sin embargo, sometidos al fundamento de la Unidad del Espíritu, con el tiempo llegan a la misma medida de Cristo.

Justificación para la Unidad del Espíritu

Ninguna otra escritura quizás, más elocuentemente establece la base principal para la unidad en la iglesia que Efesios 4: 4-6. La palabra "UN" ocurre siete (7) veces de la siguiente manera:

- Un Cuerpo
- Un Espíritu
- Una Esperanza
- Un Señor
- Una Fe
- Un Bautismo
- Un Dios

La palabra UNO, que representa la integridad, la complitud, la armonía y la igualdad proporciona una base central para la unidad.

Un cuerpo- Esto implica claramente que no hay más que un solo cuerpo de Cristo, el cuerpo de los que creen en Él y lo han recibido en sus corazones como SEÑOR y SALVADOR. Ya que todos pertenecemos a este cuerpo, nuestro enfoque debe ser el interés de un solo cuerpo, en lugar de los intereses individuales. La ruta de la unidad es la de buscar siempre el interés DEL ÚNICO CUERPO DE CRISTO por encima de nuestro interés personal.

Esto se logra haciendo hincapié en la armonía, la plenitud y la integridad del cuerpo de Cristo. De hecho, somos miembros particulares del cuerpo de Cristo - (1 Co. 12: 27). Nuestra individualidad es principalmente es la de función y servicio, don o talento, en lugar de importancia. Por lo tanto, no debería haber ninguna base para la escisión o división. Por tanto, debemos aprender a celebrar los dones los unos a los otros, llamados y las funciones de cada uno dentro del cuerpo de Cristo.

Al igual que el cuerpo humano con las piezas individuales realizan funciones individuales, también lo es el cuerpo de Cristo. La lengua, por ejemplo, aunque versátil y activa no gasta tiempo tratando de luchar con el oído. Cada parte del cuerpo va sobre su función, ya que en armonía aseguran que todo el cuerpo está sano, saludable y completo. No compiten, o tratan de desplazar a otras partes del cuerpo. Cada uno se queda en su lugar y posición y realiza su función prevista. El Señor Jesucristo es la cabeza de un solo cuerpo.

Un Espíritu- Como un cuerpo, tenemos un solo Espíritu que habita en nosotros, que es el Espíritu de Cristo - el Espíritu Santo. Teniendo el mismo espíritu que habita en cada uno de nosotros nos debe animar siempre a unir en todo momento. Nuestras obvias diferencias naturales de la personalidad, la raza, la denominación, el estado o incluso de clase, a menudo nublan esta verdad fundamental que como el cuerpo de Cristo, SOMOS UNO EN EL ESPÍRITU. Lo que nos une es mucho mayor que separarnos como individuos.

El Espíritu de Cristo y de Dios en nosotros es el espíritu de unidad y concordia. Por lo tanto, nuestra responsabilidad es ceder al Espíritu de Dios en nosotros y permitir que Él nos guíe siempre en nuestros caminos. Si todos continuamos a someternos al Espíritu Santo, el resultado será unidad de mente y propósito.

Una esperanza- El Señor Jesús Cristo en nosotros (UN CUERPO), es la esperanza de gloria - Colosenses 1:27. La esperanza de nuestra vocación como creyentes de Cristo es uno. Porque todos los que le recibieron - Cristo, Dios le dio la potestad de llegar ser hijos de Dios (Juan 1:12), para quien Él está preparando un hogar celestial. Todos tenemos una esperanza en Dios y del Señor Jesucristo, si realmente creemos en Él. Es la esperanza de vida abundante aquí en la tierra y la vida eterna con el tiempo. Es la esperanza de conocer a nuestro Señor y Salvador Jesucristo un día. Es la esperanza de llegar a ser como Él cuando Él aparezca en el final y ver como Él es - (1 Juan 3: 3).

Un Señor- Jesús es el Señor, y él es el ÚNICO Señor. Él es la cabeza y el Señor de la iglesia, Su cuerpo. La iglesia sólo tiene una cabeza y esa cabeza es Cristo (el ungido y Su unción). Si la cabeza es uno, por ello debemos tener un mismo propósito y estar moviéndose en la misma dirección. Tener un solo Señor, significa que nuestra visión, propósito y objetivo son uno. Nuestro Señor Jesucristo debe ser siempre el objeto de nuestra adoración y el enfoque.

Todo lo que hacemos debe estar orientado para adorar y glorificarle a Él. Él es por quien debemos trabajar y servir. El reto es para que crezcamos en Él, en su palabra y en su conocimiento y de hecho CONOCERLE y DARLO A CONOCER. Nuestro único Señor es la piedra angular y la ÚNICA fundación, sobre la cual debemos construir nuestras vidas. Él es la roca sólida que no se puede mover. Debemos buscar conocerle en Su plenitud, en la comprensión no sólo de su humanidad como Dios encarnado en la carne, sino también su divinidad como uno por quien todas las cosas fueron creadas y que desde siempre y para siempre, es Dios.

Una Fe- Como creyentes en Cristo, estamos crucificados con Él, y la vida que vivimos es por su fe - Gálatas 2:20. Nuestra fe salvadora en el ÚNICO SEÑOR - Cristo, es una fe definida y es una. Esta fe es la misma fe en todos los creyentes que han puesto su confianza en el Señor Jesucristo. Es una fe viva que no puede fallar. De hecho, es la sustancia (materia tangible) de lo que se espera, y la evidencia, prueba o título de propiedad de lo que actualmente no necesariamente se ve. Esta UNA FE es el fundamento de lo que creemos y por qué creemos. Es la fe la que nos hace seguidores (discípulos de Cristo). Esta fe en Cristo resucitado se basa y se produce a partir de la palabra eterna de Dios.

Un Bautismo- Cuando aceptamos al Señor Jesús como Salvador, también estamos bautizados en Su UN CUERPO. En este proceso, somos bautizados en Su muerte y resucitados a una nueva vida (Romanos 6: 3-6). Esta experiencia espiritual de ser bautizado (sumergido) en CRISTO es la misma para todo el mundo, independientemente de las diferencias individuales. Sólo podemos ser bautizados en Cristo por medio de una forma que es, recibiéndolo en nuestro corazón como Salvador y Señor, como ejercemos nuestra fe en su muerte expiatoria y resurrección para nosotros. Después de haber creído en nuestro corazón para justicia y la justificación en Cristo, que posteriormente alcanzamos nuestra salvación, ya que Él y ha hecho en nuestras vidas con nuestra boca confesamos - Romanos 10: 9-10.

Un Dios -El Señor Jesús en Juan 17: 3 dice que "...Y ésta es la vida eterna: que te conozcan a ti, el ÚNICO DIOS VERDADERO, y a JESUCRISTO, a quien Has enviado...". Sólo hay un único Dios verdadero, el Dios y Padre de nuestro Señor Jesucristo. Él es el creador del cielo y de la tierra cuyo trono es el cielo y cuyo estrado es la tierra. Él es el "YO SOY EL QUE YO SOY", el antiguo de días y el "Dios de maravillas más allá de la galaxia". Él es, de hecho Padre de todos, por encima de todo, y por todos, y en todos vosotros. Él es nuestro Padre que está en el cielo, cuyo nombre santificamos cada día. Porque en Él vivimos, nos movemos y tenemos nuestro ser (Hechos 17:28).

Independientemente de nuestra tendencia teológica acerca de la TRINIDAD, no hay duda acerca de la UNICIDAD de Dios. Centrándonos en nuestro Único Dios como nuestro objeto de adoración y servicio, debe ayudarnos a caminar en unidad. Debemos darnos cuenta constantemente que el reino de Dios se trata de Él, y no nosotros. Por lo tanto el énfasis debe estar en glorificarlo en todo lo que hacemos en lugar de auto exaltación o gratificación. Él es el Dios inmortal, invisible y ÚNICO SABIO DIOS.

La Unidad de la Fe es la medida de Cristo en la manifestación en la Iglesia. Mientras que la Unidad del Espíritu abre la puerta a una comunión sin trabas con un grupo de cristianos en un entorno determinado, la Unidad de la fe es un destino que equipa a los creyentes con un mayor conocimiento del Hijo de Dios para un mayor anhelo de alcanzar lo más elevado en el esquema divino de cosas que pertenecen a la Redención.

Por lo tanto, es evidente que la Unidad del Espíritu es un precursor de la Unidad de la Fe. Tratar de mantener la Unidad del Espíritu en el vínculo de la paz es imperativo para que el cuerpo de Cristo alcance la Unidad de la Fe.

En resumen, el logro de la unidad por ser de la misma mente puede ser el resultado de los siguientes atributos (ingredientes):

1. El mantenimiento de un vínculo (cemento/pegamento) de la paz
2. Caminar por la misma regla/ acuerdo, jugando limpio
3. Reconociendo que somos un solo cuerpo y un solo espíritu
4. El vivir en paz y evitar conflictos
5. Evitar cisma/camarillas/divisiones o partición de espíritu
6. Tener el mismo cuidado unos por los otros y sin parcialidad

7. Ser lleno de misericordias entrañables
8. Tener compasión por los demás
9. Permitiendo que el amor fraternal siempre sigua prosperando
10. Ser compasivo y atento

Señor Haznos Uno

"Por lo demás, hermanos, tened gozo, sed perfectos, tened consolación, sed de un mismo sentir y vivid en paz; y el Dios de paz y de caridad estará con vosotros.". - II Corintios 13:11

Juan 17: 11, 21-23

11 Y ya no estoy en el mundo; pero éstos están en el mundo, y yo voy a ti. Padre santo, a los que me has dado, guárdalos en tu nombre, para que sean uno, así como nosotros.

21 para que todos sean uno, como tú, oh Padre, en mí, y yo en ti, que también ellos sean uno en nosotros, para que el mundo crea que tú me enviaste.22 Y la gloria que me diste les he dado, para que sean uno, así como nosotros somos uno. 23 Yo en ellos, y tú en mí, para que sean perfeccionados en uno, para que el mundo conozca que tú me enviaste y que los has amado a ellos, como también a mí me has amado.

La importancia de la unidad en el cuerpo de Cristo se demostró elocuentemente en la oración de nuestro Señor Jesucristo en el Evangelio de Juan, capítulo 17 versículos 9-26. Es una sentida oración a Dios el padre acerca de su cuerpo que estaba siendo inaugurado en la tierra y que va a seguir creciendo y aumentando hasta que vuelva de nuevo. Se hizo hincapié en la UNICIDAD de la iglesia. Esta unicidad fue definida a la luz de la unidad modelada por Dios Padre, Dios Hijo y Dios Espíritu Santo. A lo largo de las Escrituras, vemos la coherencia en la unidad que existía en la Trinidad.

A pesar de claras diferencias en la función, manifestaciones, operación y administración, la sinergia sin fisuras en la Trinidad es claramente aparente. Esta es el estándar que el Señor Jesucristo oraba para ser exhibida por la Iglesia. La comprensión de nuestra unidad como cuerpo de Cristo fue aclarada en el capítulo anterior. Sin embargo, en el versículo 21 de Juan 17, el Señor indica la unión y comunión (...como tú, Padre, estás en mí y yo en ti...) entre la Trinidad como la base para la unidad.

De manera similar al permanecer en Cristo y Cristo en nosotros, en esencia, ya que cada creyente se esfuerza por estar en plena comunión con el Señor Jesucristo, entonces la unidad puede convertirse en una experiencia natural. Podemos ser uno pues Él nos ha dado Su gloria, que nos permita ser uno. Pablo llama a esta gloria *"... este tesoro en vasos de barro..."*, para que la excelencia del poder sea de Dios y no de nosotros. La permanencia continúa en el Señor Jesucristo como una rama fructífera (Juan 15), nos permite ser más como Él y permite así el cumplimiento de su oración en nuestras vidas. Cada creyente debe tratar de caminar en la luz de esta oración y el cumplimiento de la respuesta en nuestras vidas. La comprensión de nuestra unidad como un solo espíritu y el cuerpo de Cristo es un paso definitivo hacia el logro de la unidad en la iglesia.

Este libro ha tratado de enunciar las ventajas, bendiciones, resultados y gloria de la unidad en la iglesia de Dios, a la luz de las escrituras. Usando el Salmo 133 como base y la plataforma de lanzamiento, se estableció una definición de la unidad. Esto fue seguido por una exposición sobre este Salmo. Algunos impedimentos clave de la unidad fueron determinadas como cuestiones que evitar al tratar de trabajar en unidad. El libro fue más allá de discutir los principios fundamentales que deben adoptarse para que el creyente pueda caminar en la unidad. Los capítulos finales del libro eran de naturaleza más prescriptiva y trata de tomar la dirección en cuestiones que la iglesia debe abordar con honestidad y prácticamente a medida que buscamos el cumplimiento de la respuesta a la oración que el Señor Jesús oró en Juan 17.

Es mi oración que en la lectura de este libro, sea retado a caminar más humilde y santamente con el Señor. Pido también que se convierta en un campeón para adoptar la gloria de la unidad del cuerpo de Cristo a la luz del Salmo 133.

CONTACTO

Dr. Nosayaba Evbuomwan
Eagle Believers International Church
1569 W. Main Street
Lewisville, Texas 75067
Teléfono: 817-300-1205
Email:franguitar@yahoo.com
www.eaglebelievers.com

Printed in the United States
By Bookmasters